家庭とつながる！

新食育ブック

③成長期に大切な食品

本書の特色

本書はたよりで家庭に伝えたい内容をまとめた文例つきイラストカット集です。
大好評の「食育ブック」シリーズをパワーアップさせた内容で、書きかえ可能なテキストデータを収録してさらに使いやすくなりました。先生方のたよりづくりをサポートします！

☆ 家庭に伝えたい内容を掲載

保護者の方や子どもがさまざまな文例を通して、家族みんなで「食」に興味を持ち、食に関する正しい知識や実践力を身につけられるような内容を取り上げています。

☆ たよりにすぐ使える6テーマを掲載

「米・パン・めん」「豆・豆製品」「野菜」「魚介類」「牛乳・乳製品」「そのほかの食品」の6つのテーマを取り上げています。

☆ イラスト（カラー・モノクロ）はかき下ろし！

本書に掲載されているイラストはすべて本書のためのかき下ろしです。DVD-ROMには、すべてのイラストのカラーとモノクロが収録されています。

☆ すべて書きかえ可能なテキストデータを収録

書きかえ可能なテキストデータを収録しているので、学校や地域に合わせた内容にすることができます。また、そのまま印刷することもでき、手軽におたよりがつくれます！

☆ 「月別おたより1年間」を掲載

6つのテーマの文例つきイラストカットなどを使った「月別おたより1年間」を掲載。各月に「給食だより」（A4判・縦）と「食育だより」（B4判・横）の2種類を掲載しました。

☆ 「全国のおいしい伝統野菜」を収録

本書では、全国各地の伝統野菜（いもなども含む）を、各都道府県につき3つずつ取り上げています。DVD-ROMにはカラー・モノクロのルビあり版を収録しています。

本書の見方

文例つきイラストカット

各テーマにたよりの書き出し文やミニまんが、Q＆Aなどのさまざまな場面で使える文例を掲載しています。

おたよりの
書き出し文に

各テーマの内容に
沿った文例

各テーマに1つ以上
ミニまんがを掲載

Q＆A

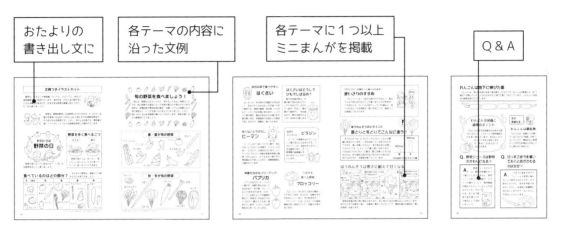

1つの文例つきイラストカットに7種類のデータが入っています

10代のうちに！
カルシウム貯金

カルシウムは骨や歯の材料で、不足すると将来、骨がもろくなる骨粗しょう症になりやすくなります。骨量は10代で増加し、20歳前後にピークになります。そのため、10代の頃に骨密度を高めてカルシウム貯金をすることが大切です。牛乳を積極的に飲み、カルシウム貯金をしましょう。

カラー	モノクロ
①ルビなし（jpg版）	④ルビなし（jpg版）
②ルビあり（jpg版）	⑤ルビあり（jpg版）
③イラストカット（png版）	⑥イラストカット（png版）
	⑦テキスト

月別おたより1年間

各月、「給食だより」（A4判・縦）と「食育だより」（B4判・横）の2種類を掲載しています。DVD-ROM内には、pdf版とWord版などを収録しています。

※Wordはお使いのOSやバージョンによって、レイアウトがくずれることがあります。

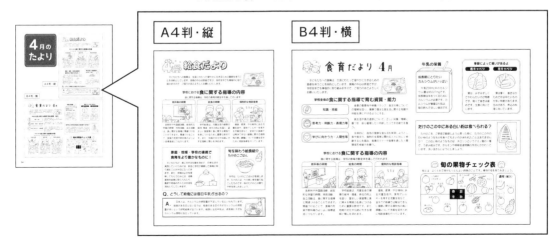

目次

魚介類 37

成長期の体をつくる栄養がいっぱい！ 魚／あじのギザギザは何？／さけは赤身魚？ 白身魚？／骨まで食べられる ししゃも／メルルーサってどんな魚？／Ｑ．魚の臭みが苦手。どうすれば食べやすくなる？　ほか

【まんが】いろいろあるよ 魚料理

牛乳・乳製品 43

10代のうちに！ カルシウム貯金／世界で食べられているチーズ／乳酸菌の力でつくるヨーグルト／Ｑ．どうして給食には毎日牛乳が出るの？　ほか

【まんが】牛乳が大好きなんです

そのほかの食品 （いも・果物・きのこ・海藻・肉・卵） 47

収穫の秋 いも掘り／旬の果物チェック表／食物繊維が豊富なきのこ／海の恵み 海藻／体をつくる栄養素が豊富な肉／手軽に良質なたんぱく質がとれる「卵」／Ｑ．卵は賞味期限がすぎたら食べられないの？　ほか

【まんが】ひじきくんのプロポーズ

月別おたより１年間

著作権 Q&A

本書の文例つきイラストカットなどは、おたよりはもちろん、学校現場のさまざまな場面でご活用いただけます。ただし、ご使用にあたって気をつけていただきたいのが、著作権です。ここでは、Q＆A形式でよくある事例をご紹介していきます。

Q. イラストカットを使ったたよりを学校のホームページ（HP）にのせてもよい？

A. 学校で配布している給食だよりなどをそのままHPにのせたり、ダウンロードできる状態で掲載したりすることは問題ありません。ただし、pdfファイルにするなど、イラストカットなどが取り出せない形にしていただくようにお願いいたします。

Q. 文例つきイラストカットを使った市民向けのたよりをつくりたい。また、このたよりを市のHPでダウンロードできるようにしてもよい？

A. 学校外での使用の場合、出典元を明記し、「転載使用申請書」（少年写真新聞社規定の様式）をご提出いただいています。また、HPにダウンロードできる状態で掲載する場合、pdfファイルにするなど、イラストカットなどが取り出せない形にしていただくようにお願いいたします。

Q. 授業のワークシートにイラストカットを使ってもよい？

A. 校内の児童生徒向けの授業での使用であれば、ご自由にお使いいただけます。ただし、研究授業などでほかの学校・施設の方もご覧になる場合は出典元を明記し、「転載使用申請書」（少年写真新聞社規定の様式）をご提出いただいています。

Q. 試食会で使用するPowerPointで作成した資料にイラストカットを使ってもよい？ また、このデータを市内の栄養士に配布してもよい？

A. 校内の保護者向けの試食会での使用であれば、ご自由にお使いいただけます。ただし、そのデータを学校外のほかの方に配布することは、お断りしています。

Q. 学校給食展のパネル展示にイラストカットを使ってもよい？

A. 出典元を明記し、「転載使用申請書」（少年写真新聞社規定の様式）をご提出いただければ、ご使用いただけます。

転載使用申請や、本書に関して、ご不明の点がございましたら、お気軽にお問い合わせください

少年写真新聞社『給食ニュース』編集部　FAX 03-3264-2674

米・パン・
めん

文例つきイラストカット

米は日本人にとって主食であり、神事や祭事などにおいても重要な作物ととらえられてきました。しかし、1962（昭和37）年度の118.3kgをピークに、米の消費量は減少傾向にあります。米をもっと食べてもらえるように、米のよさをお伝えしていきます。

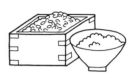

主食とは、ごはんやパン、めんなどのおもにエネルギーのもとになり、食事の中心となるものです。わたしたちが、生命を維持したり成長期に体を大きくしたりするには、毎日適切な量のエネルギーが必要になります。3食必ず主食をとるようにしましょう。

エネルギーのもとになる
ごはん・パン・めん

ごはんやパン、めんには、エネルギーのもとになる炭水化物が多く含まれています。毎日を元気にすごすため、エネルギー源になる食品をしっかりとることが大切です。

主食をしっかりとろう

主食（ごはんやパン、めんなど）は、わたしたちが体を動かすためのエネルギー源になります。そのため、3回の食事で必ず主食をとることが大切です。

ごはんの栄養

ごはんは炭水化物（でんぷん）を多く含み、エネルギー源となる食品です。でんぷんには、加熱するとさらっとしているアミロースと、粘りが出るアミロペクチンがあります。ごはん（うるち米）はアミロースを含み、もち（もち米）はアミロペクチンのみなので、もちの方が粘りが強くなります。

口中調味

ごはんとおかずを交互に食べると淡白なごはんとおかずが口の中でほどよく混ざり、よりおいしく感じられるといわれています。これは「口中調味」といいます。

地元産の 新米ができました

今年も新米の季節がやってきました。地域のお米も収穫されて、給食でも提供していきます。
農家の方が心を込めて育てたおいしい新米を、ぜひ味わって食べてください。

災害に備える

備蓄に便利な アルファ化米

アルファ化米は、水や湯を入れるだけで食べられて、レトルト食品にくらべて軽いのが特長です。登山などの携帯食や、災害時の非常食として、とても便利です。食料の備蓄は、普段から多めに買っておき、賞味期限を考えながら計画的に消費して、その分を補充すると、いざという時に賞味期限が切れていた！　ということがなくなります。

「米」という字

米という字はね！　びっくりした　ウッ

小さな粒が点在するようすを示しているよ　ヘー

あと「八十八」に分解できるよ　うん？

だから米づくりは八十八回もの手間がかかるといわれているよ　なるほどねぇ～

「米」の漢字を分解すると「八十八」になります。このことから、米づくりは88回もの手間がかかるといわれています。現在は便利な機械がありますが、それでもたくさんの手間がかかります。農家さんに感謝して、味わって食べましょう。

＊***＊ ごはんと大豆はとっても仲よし！ ****＊

日本ではよく、「ごはんとみそ汁」や「ごはんと納豆」など、ごはんと大豆・大豆製品を一緒に食べています。これは栄養面からみてもとてもよいことです。一緒に食べることで米は大豆の、大豆は米のお互いの足りないところを補い合ってくれます。

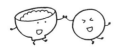 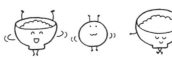 

世界のパン・日本のパン

　世界ではいろいろなパンがあります。バゲットやクロワッサン、プレッツェル、イングリッシュマフィン、ナン、チャパティなどのほか、あんパンやカレーパンといった日本で生まれたパンもあります。パンはそれぞれの地域でとれる食材を利用するなど、各地域の文化によって変化しながら、世界中で食べられています。

パンの栄養

食パン（6枚切り）　1枚（65g）
　エネルギー　　約169kcal
　炭水化物　約30.2g
　たんぱく質　約5.8g
　脂質　約2.7g
　食塩相当量　約0.8g

　パンは炭水化物が多く、卵や野菜と一緒に食べると、バランスがよくなります。

めん料理は具だくさんにしよう

　めんだけでは、たんぱく質やビタミンなどが不足して、栄養のバランスが偏りがちです。うどんやラーメン、そうめん、焼きそばなどのめん料理には、肉や野菜、きのこなどを加えて具だくさんにして、栄養バランスがととのうようにしましょう。

カップめんの食べすぎ注意

　湯を入れるだけで、手軽に食べることができるカップめんは便利な食品ですが、脂質や塩分のとりすぎが気になります。脂質や塩分をとりすぎると脂質異常症や高血圧症などの生活習慣病の原因になります。ビタミンや無機質も少ないので、バランスがくずれがちです。

Q. 炭水化物ぬきダイエットは効果があるの？

　A. 　炭水化物ぬきは一時的に体重が減少するかもしれませんが、体にダメージも与えるので、成長期は特に避けたい方法です。炭水化物ぬきはたんぱく質や脂質の摂取割合が増えます。たんぱく質の割合増加は腎臓への負担が、脂質の場合は肥満や動脈硬化の危険が高まるといわれています。

豆・
豆製品

文例つきイラストカット

学校給食では、さまざまな豆を献立に取り入れています。豆は栄養豊富で食物繊維も多く、生活習慣病の予防によいといわれています。ご家庭でもいろいろな料理に豆を取り入れてみてはいかがでしょうか。

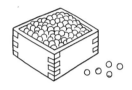

大豆は、しょうゆ、みそ、豆腐、納豆などの原料として利用されていて、和食に欠かせない食品です。生の大豆は、独特のにおいや、苦みや渋みがあるため、食べやすくするために、さまざまな工夫がされて、多くの加工品ができました。

いろいろな豆大集合

大豆

加工品に使われる黄大豆のほかにも、青大豆や黒大豆もあります。

いんげん豆

金時豆、とら豆など品種が多く、世界中で栽培されています。

あずき

赤い色に魔よけの力があるとされ、祝いの行事食に用いられます。

えんどう

青えんどうは、うぐいす豆、赤えんどうは、みつ豆に使われます。

ひよこ豆

ひよこのような形をしていてガルバンゾーとも呼ばれています。

レンズ豆

ひら豆とも呼ばれ、光学レンズはこの豆が由来といわれています。

カレー サラダ スープ ハンバーグ

豆は、いろいろな料理に合うため、気軽に取り入れてみませんか。

大豆のすごいパワー！

大豆は、たんぱく質、脂質、ビタミンB群、カリウム、カルシウム、マグネシウム、鉄、食物繊維などを含んでいます。また、抗酸化作用がある大豆サポニンや骨粗しょう症の予防効果があるイソフラボンも含み、生活習慣病予防によいといわれています。

 もっと食べよう

豆は、そのまま料理に使える水煮・蒸し煮の缶詰やレトルト食品も多くあります。これらの製品は手軽に使えるので、食事に取り入れて、豆の摂取量を増やしましょう。

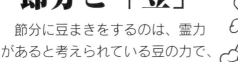

節分と「豆」

節分に豆まきをするのは、霊力があると考えられている豆の力で、鬼に見立てた災いや邪気を追いはらうためだといわれています。

また、豆を年の数、もしくは年の数に１つ足して食べる風習もあります。

姿をかえる大豆

大豆は、加工されていろいろな食品へと姿をかえています。

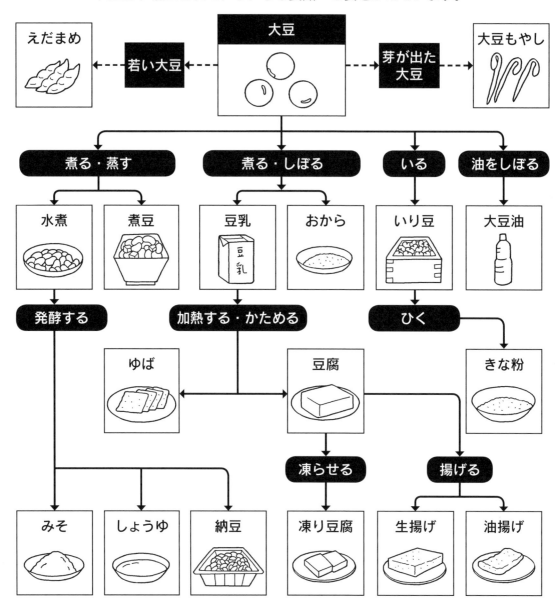

Q. 乾燥豆を簡単にゆでる方法は？

A. ステンレスボトルを使って豆をゆでることができます。500mLの保温保冷用ステンレスボトルに50g程度の豆と熱湯を入れて5分後に湯を捨て、再度沸騰した湯を入れます。保温時間の目安は約3時間です。

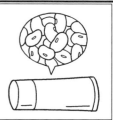

野菜

文例つきイラストカット

野菜は、ビタミンや無機質（カリウム、カルシウム、鉄など）、食物繊維が多く含まれています。体内では、おもに体の調子をととのえる働きがあるので、さまざまな野菜を食事に取り入れて、たくさん食べましょう。

野菜は、緑黄色野菜と淡色野菜にわけられます。β-カロテン当量が可食部100g当たり600μg以上含むものは緑黄色野菜で、そのほかは淡色野菜です。しかし、600μg未満でも、摂取量が多いトマトやピーマンなどは緑黄色野菜に分類されています。

8月31日は 野菜の日

野菜不足になっていませんか？　いろいろな野菜をおいしく食べましょう。

野菜を多く食べるこつ

| ゆでる | 蒸す |

野菜不足の人は、ゆでたり、蒸したりしましょう。かさが減ってたくさん食べることができます。

食べているのはどの部分？

それぞれの野菜は、植物のどの部分なのかを見てみましょう。

花・つぼみ	実	葉	茎	根
ブロッコリー カリフラワー みょうが	トマト きゅうり ピーマン	レタス ほうれんそう にら	アスパラガス たけのこ れんこん	ごぼう だいこん にんじん

※だいこんは、根を食べる野菜に分類していますが、側根がなく葉に近い部分は茎です。

旬の野菜を食べましょう！

　旬とは、野菜などがよくとれて、味のもっともよい時季のことです。同じ野菜でも産地によって気候が違うので旬がかわります。近年は、品種改良や栽培技術の進歩、流通システムの発展により、旬に関係なく、いつでも食べられるようになりました。しかし、旬にとれたものは栄養価が高いといわれています。季節を感じながら積極的にとりましょう。

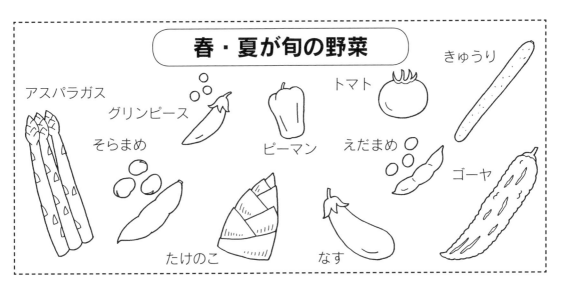

春・夏が旬の野菜

きゅうり
アスパラガス
グリンピース
トマト
そらまめ
ピーマン
えだまめ
ゴーヤ
たけのこ
なす

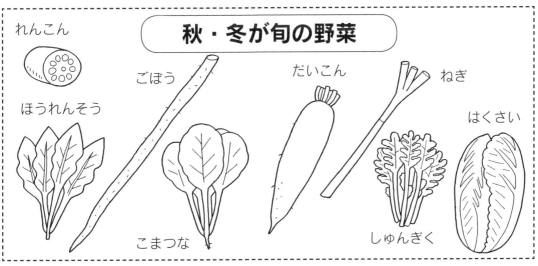

秋・冬が旬の野菜

れんこん
ごぼう
だいこん
ねぎ
ほうれんそう
はくさい
こまつな
しゅんぎく

※旬の野菜は、地域によっても違うため、イラストの位置を変更してご活用ください。

疲労回復作用のある
アスパラガス

食べているのは、若い茎の部分です。疲労回復作用や利尿作用があるアスパラギン酸が多く含まれています。また、やわらかい穂先は、栄養価が高く血管を強くするルチンも含まれています。

グリーンとホワイト アスパラガスの違い

グリーンアスパラガスは、光に当てて栽培したもので、ホワイトアスパラガスは、土をかぶせて光を遮って栽培したものです。それぞれの色の違いは、育て方によるものです。

選ぶ時のポイント　アスパラガス

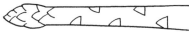

穂先が締まっている

緑色が濃い

茎はまっすぐで曲がっていない

切り口がみずみずしい

えだまめってどんな野菜？

えだまめは、大豆を若いうちに収穫したものです。枝つきのまま売られたり、ゆでたりしたことから、その名がついたといわれています。大豆と同じように、たんぱく質を豊富に含み、動脈硬化を予防する働きがあるレシチンや、造血作用のある葉酸も含んでいます。

えだまめのおいしいゆで方

① 塩をもみ込む

ゆでる前に、えだまめの重量の1～2％の塩をもみ込み、うぶ毛を取ります。

② 沸騰後、約3分ゆでる

鍋にたっぷりの水を入れて沸騰させ、①のえだまめを入れて約3分ゆでます。

③ ざるにあげて冷ます

ゆであがったら、ざるにあげて、うちわであおいで冷まします。

オクラの
ネバネバの正体

オクラのネバネバの成分の正体は、ペクチンなどの食物繊維です。

食物繊維は、腸内を掃除して、有害物質を外に出す働きがあります。

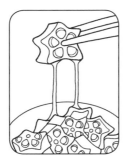

細かく刻んだり、すり下ろしたりしていろいろな料理に使いましょう。

クイズ
なり方どっち？

オクラ

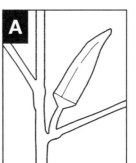
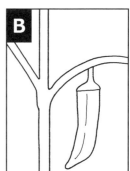

正解はAです。オクラは、花が咲いた後、数日で上に向かって果実が大きくなります。

オクラの断面を
見てみよう！

五角形

丸

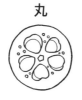

日本で栽培されているオクラは、断面が五角形になるものが多いですが、丸いオクラもあります。ほかにも六角形や八角形のものがあります。

かぶの
栄養

根は、ビタミンCやカリウム、消化酵素のアミラーゼなどを含んでいます。葉は、根よりビタミンCが多く、β-カロテンや鉄、カルシウムなども豊富です。かぶは、根も皮も葉も食べられます。

あっ 捨てないで
かぶの葉っぱ

かぶの葉は、根の白い部分より、ビタミンCが多く含まれています。その上、β-カロテンやカルシウム、鉄も豊富なので、葉も捨てないで調理して食べましょう。

春の七草のひとつ
すずな

春の七草として知られている「すずな」は、かぶのことです。かぶは、形が鈴に似ていることから、「すずな」とも呼ばれています。

栄養豊富な **かぼちゃ**

かぼちゃは、β-カロテン、ビタミンE、Cなどが豊富に含まれた野菜です。β-カロテンは、体内でビタミンAにかわり、皮膚や粘膜を保護する作用があります。かぜ予防に食べたい食品です。

かぼちゃの種類

西洋かぼちゃ

日本で多く流通し、甘みが強く、ほくほくしています。天ぷらなどに向いています。

日本かぼちゃ

淡白な味で、ねっとりとした果肉です。だしがしみやすく、煮物などに向いています。

そのほか

そうめんかぼちゃ（金糸瓜）やバターナッツ、コリンキー、ズッキーニなどがあります。

かぼちゃとシンデレラ

さて、かぼちゃを馬車に変身させるよ

コホコホ

あれっ　かぜかい？

そんな時は……

かぼちゃよかぼちゃ

へんし～ん

馬車がよかった…

かぜ予防にかぼちゃの煮物だよ

ガッカリ…

ほれっ

❓ カリフラワーってどんな野菜？

花のつぼみや茎の部分を食べる野菜です。地中海沿岸のケールから生まれた品種です。ビタミンCが多く、ゆでても損失率が少ないといわれています。そのほか、カリウム、カルシウム、リン、鉄なども含んでいます。

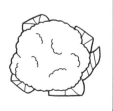

まるごと食べよう キャベツ

キャベツは、あくがなく、甘みがあり、さまざまな料理に利用できます。加熱するとかさが減り、たくさん食べられますが、水溶性のビタミンCやUをとるには、生食がおすすめです。また、芯にも栄養があるので薄切りにしたり、細かく刻んだりして使いましょう。

季節によって違いがあるよ

春キャベツ

葉は、みずみずしくてやわらかいのが特徴です。軽くて巻きは緩めです。生食に向いています。

冬キャベツ

葉は厚く、巻きはかためで形は平たいものが多い特徴があります。甘みがあり、煮込み料理に向いています。

キャベツから発見！

ビタミンU

キャベツから発見されたビタミンで、キャベジンともいわれています。傷んだ胃粘膜組織の修復や、胃液の過剰分泌を抑える働きがあるため、胃腸薬に配合されています。キャベツのほか、レタスや牛乳にも多く含まれています。

 ## 水分たっぷり夏野菜 きゅうり

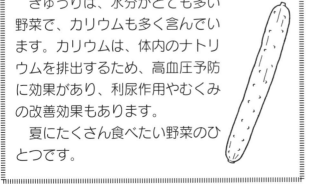

きゅうりは、水分がとても多い野菜で、カリウムも多く含んでいます。カリウムは、体内のナトリウムを排出するため、高血圧予防に効果があり、利尿作用やむくみの改善効果もあります。

夏にたくさん食べたい野菜のひとつです。

加熱してもおいしい！ きゅうり

日本では、きゅうりは生のまま食べることが多い野菜ですが、炒めてもおいしく食べられます。

さっと炒めて、みずみずしさを残し、中国風や韓国風の味つけにしてみましょう。

春のおいしさ
グリンピース

グリンピースは、実えんどうともいわれていて、実（種子）を食べる野菜です。缶詰や冷凍のものは、1年中使うことができて便利ですが、旬に出回るグリンピースは、おいしく、風味が豊かで鮮やかな色が特長です。煮物、炒め物、豆ごはん、おひたしなどの料理に最適です。

旬を味わう給食紹介
グリンピースごはん

今月は、グリンピースごはんが登場します。この時季に出回る旬のグリンピースは、香りがあって、もっともおいしいといわれています。

苦手な野菜 No.1⁉
ゴーヤの苦みを抑える方法

ゴーヤの独特の苦み成分は皮に含まれていて、中の白い綿には、ほとんど含まれていません。そのため、綿をしっかり取り除く必要はありません。苦みを取るには、薄切りして塩もみをしてから洗い流したり、熱湯でさっと下ゆでをしたりする方法があります。

ゴーヤを育てて
みどりのカーテン

窓辺全体に、ゴーヤやヘチマ、アサガオなどのつる性の植物をはわせてつくった自然のカーテンのことを「みどりのカーテン」といいます。強い日差しをやわらげることができ、葉から出る水分の蒸発によって空気の温度が下がります。冷房の設定温度を上げることができ、環境に配慮した暮らしにつながります。

むきすぎて いませんか
ごぼうの皮

ごぼうの皮には、香りやうまみ、栄養成分が含まれます。皮に含まれるクロロゲン酸には、抗酸化作用があります。皮はむかずに、たわしや包丁の背、アルミ箔などで軽くこする程度にしましょう。

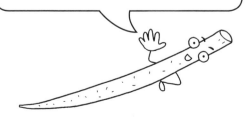

食物繊維の宝庫 ごぼう

ごぼうは食物繊維が豊富で、便秘解消や悪玉コレステロール値の低下に役立つ食品です。鮮度が保ちやすい泥つきごぼうは、新聞紙に包み、冷暗所で保存しましょう。洗いごぼうは、ポリ袋に入れて冷蔵庫に保存し、早めに使い切りましょう。

カルシウムが多いのはどっち？
こまつなvsほうれんそう

成長期の子どもたちに大切なカルシウムが多いのは、こまつなです。こまつなは、ほうれんそうの約3.5倍もカルシウムが含まれています。そのほか、β-カロテンやビタミンC、鉄も含まれています。

将軍様が名づけ親!?
こまつな

「こまつな」と名づけたのは、八代将軍徳川吉宗と伝えられています。

吉宗は小松川（現在の東京都江戸川区）に鷹狩りにきた際に、献上された青菜を食べてとても喜んだそうです。そして、この菜に名前がなかったため、「小松川の里の菜」から「こまつな」と命名したそうです。

さやいんげん

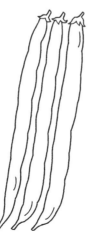

さやいんげんは、熟す前のいんげん豆をさやごと食べる野菜です。日本には、中国からの帰化僧である「隠元」が伝えたといわれ、これが、いんげん豆の名前の由来となっています。

β-カロテンや、血液の凝固や骨の健康に役立つビタミンKを含んでいます。

さやえんどう

さやえんどうは、熟していないえんどう豆を収穫したもので、さやごと食べる野菜です。白や赤紫色の花が咲いた後、約15日で収穫できます。

さやえんどうの仲間には豆を食べるグリンピースや、さやと豆を両方とも食べるスナップえんどうもあります。

えんどうのファミリー大集合

豆苗	さやえんどう	グリンピース	スナップえんどう	えんどう豆

豆苗は、えんどうを発芽させたもの。

若いさやを収穫したもの。

種子（豆）が育ったもの。

肉厚なさやと豆（種子）を食べる品種。

さやえんどうを完熟、乾燥させたもの。

刺身にしそが添えてあるのはなぜ？

しそ特有のペリルアルデヒドという香りの成分には、食欲増進や消化を促進させる効果のほか、防腐作用や殺菌作用なども期待されています。そのため、刺身などの生ものに添えたり、薬味として使われたりしています。

梅干しが赤い理由は 赤じそ

赤い梅干しは、赤じそで色をつけています。

生の葉に塩をふりかけてよくもんでしぼり、梅酢（梅を塩漬けにした時に出てくる汁）を入れてもむと、赤い色が出ます。

これを梅漬けに入れることで、梅干しが鮮やかな赤い色になり、しその香りがつきます。

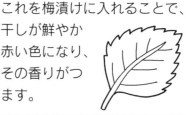

β-カロテンが豊富な野菜 しゅんぎく

しゅんぎくはβ-カロテンが豊富です。β-カロテンは、体内でビタミンAにかわり、目や皮膚・粘膜の健康を保つ働きがあります。しゅんぎくは、鍋物やおひたし、あえ物にするほか、やわらかい葉先は、サラダに向いています。

体をあたためる
しょうが

　しょうがの辛みと香りの成分には、いろいろな働きがあります。血行を促進する作用があるため、冷え性の改善や代謝向上などに効果があります。

　そのほかには、殺菌作用や消臭効果、肉をやわらかくする働き、食欲増進効果などもあります。

しょうがの気持ち

冷蔵庫でひからびている時があるんだけど〜

え？

冷凍すれば長持ちするから冷凍してよね

すりおろし

千切り

しょうがが大好きでたくさん買っちゃうの……

ごめん!!

ちゃんと保存するね

しょうがないな〜

クイズ

ズッキーニの仲間はどれ？

①かぼちゃ

②なす

③きゅうり

クイズの答え

①かぼちゃ

　よく見かけるズッキーニは、きゅうりに似ていますが、かぼちゃの仲間です。ズッキーニは、色や形がさまざまな品種があります。

いろいろなズッキーニ

ズッキーニ（緑・黄）

丸ズッキーニ

花ズッキーニ

UFOズッキーニ

　ズッキーニには、細長い形の品種以外にも、丸い形のものや、花がついたものなどがあり、緑、黄、白など色もさまざまです。

独特の香りが特徴の セロリ

セロリには、β-カロテンが多く、塩分を排出する働きのあるカリウム、腸内環境をととのえる食物繊維などが含まれています。また、独特の香りがあるため、スープや煮込み料理の風味づけに使ったり、サラダや炒め物などに使ったりするとおいしく食べられます。

セロリの香りに隠された秘密

セロリの香りにはよい効果があります。香り成分のアピインは、不安やいらいらを鎮めて、食欲増進や安眠効果があるとされ、ピラジンは、血液をさらさらにする働きがあります。

そらまめのさやむき体験

先日、そらまめのさやむき体験を行いました。子どもたちは、においをかいだり、さやの中の綿毛を触ったりして楽しくむいていました。みんなで協力してむいたそらまめは、給食でおいしく食べました。旬のそらまめをご家庭でも味わってみませんか。

おいしいのは3日間だけ!?
そらまめ

そらまめは、鮮度が落ちやすく、おいしいのは3日間だけといわれています。乾燥に弱く、空気に触れると鮮度が落ちるため、さやつきのものを買ったら、その日のうちに食べましょう。冷凍保存する場合は、かためにゆでてから保存しましょう。

教えて名前の由来

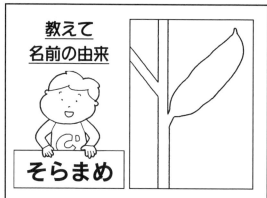

そらまめ

そらまめは、空に向かって実がなることから「空豆」と名づけられたといわれています。また、さやが蚕に似ていることから「蚕豆」と書いて、そらまめと読むこともあります。

消化を助ける酵素がある
だいこん

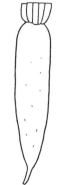

だいこんの根の部分には、いろいろな酵素が含まれていて、炭水化物やたんぱく質、脂質の消化を助ける働きがあります。胃もたれや、胸焼けの予防・改善に役立ちます。

便利な乾物
干しだいこん

乾物は保存性があり、風味が増し、食物繊維が豊富です。その中でも干しだいこんは、戻す時間が短く、あくも少ないため、扱いやすい乾物です。常備しておくと重宝します。

だいこんの部位ごとのおすすめ料理

だいこんは、部位によって甘みや辛みなどが違うため、それぞれ使いわけましょう。

辛い ←→ 甘い

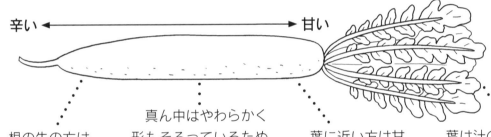

根の先の方は、辛みが強いため、漬物やみそ汁に。

真ん中はやわらかく形もそろっているため、おでんや煮物など、いろいろな料理に。

葉に近い方は甘みが強いため、サラダなどの生食に。

葉は汁の実や炒め物に。

旬を味わう給食紹介
たけのこごはん

今月は、たけのこごはんが登場します。たけのこは、竹の若い芽を掘り起こしたものです。旬のたけのこの香りや味を楽しみましょう。

たけのこの中にある
白い粉は食べられる？

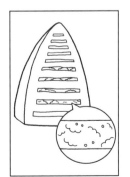

たけのこの切り口についている白い粉のようなものは、チロシンというアミノ酸の一種で、うまみ成分です。ホルモンや神経伝達物質の生成にかかわっています。洗い流さないようにしましょう。

たまねぎを切るとなぜ涙が出るの

それはたまねぎに含まれる「硫化アリル」が、目や鼻の粘膜を刺激するからです。涙を出にくくするには、事前にたまねぎを冷やしたり、切れ味のよい包丁で素早く切ったりする方法があります。硫化アリルは、ねぎやにんにくなどに含まれ、抗酸化作用やビタミンB$_1$の働きを助けるなどの効果があります。

たまねぎ
食べているのは葉の部分

たまねぎの球は、変形した葉が何枚も重なり合ったもので、わたしたちはその葉を食べています。たまねぎの根の上にある短く平たい部分は茎です。

加熱すると甘くなるたまねぎ

たまねぎには糖類が多く含まれていますが、生では辛みが強く、甘みをあまり感じません。加熱すると辛み成分がなくなり甘く感じます。

チンゲンサイで彩りを追加！

チンゲンサイは、カルシウムや鉄、β-カロテンが豊富な緑黄色野菜です。β-カロテンは、油と一緒にとると吸収率がアップするので、油で炒めるのもおすすめです。チンゲンサイは、きれいな緑色で、加熱することで葉は濃い緑に、葉柄は鮮やかな淡緑色になります。あくが少なく、手軽に調理できて、料理に彩りを添えることができます。

# とうもろこしの粒とひげの関係

ひげ（絹糸）は、とうもろこしのめしべです。花粉がひげの先につくと実ができます。そのため、粒（実）とひげの数は同じになります。

28

やってみよう とうもろこしの 皮むき

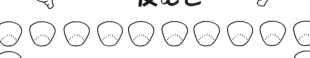

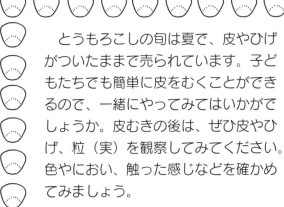

とうもろこしの旬は夏で、皮やひげがついたままで売られています。子どもたちでも簡単に皮をむくことができるので、一緒にやってみてはいかがでしょうか。皮むきの後は、ぜひ皮やひげ、粒（実）を観察してみてください。色やにおい、触った感じなどを確かめてみましょう。

とうもろこしは 湯をわかしてから

とうもろこしは収穫後、時間と共に甘みと栄養成分が減っていくので、買ったらすぐに調理した方がよいといわれています。皮をむいたらすぐにゆでられるように湯をわかしておきましょう。すぐに食べない場合は、ゆでて粒を外して冷凍保存します。

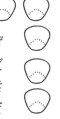 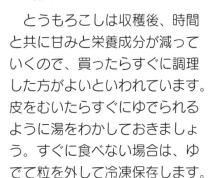

給食でも活躍！ とうもろこし料理

とうもろこしごはんやサラダ、とうもろこしをつけた肉団子、コーンスープなど、とうもろこしを使ったさまざまな料理を献立に取り入れています。

甘みがあり、彩りにもなるとうもろこしをぜひ味わってください。

うまみたっぷりトマト

トマトのうまみ成分はグルタミン酸で、こんぶと同じうまみ成分です。トマトのおいしさはグルタミン酸とトマト特有の酸みと甘みによるものです。また、トマトはリコピン（リコペン）が多く、強い抗酸化作用があります。

ミニトマトを 育てる！ 観察する！ 食べる！

生活科ではミニトマトを栽培しています。どんな世話をすればよいかを考え、よく観察しながら育てています。ご家庭に持ち帰った時は、ぜひ一緒に食べ、感想を伝えてください。

おしりの星は成熟の証し

おいしいトマトを見わけるポイントは、おしりに星の形や白い筋があることです。この星が成熟している証しです。また、はりとつやがあり、がくがそりかえっているとよいトマトです。

ミニトマトは小さな実に栄養が詰まっています

ぎゅっと

トマトとミニトマトをくらべると、ミニトマトの方が、β-カロテンやビタミンCなどが多く含まれます。生のままや煮たり焼いたりして手軽に食べられるのも魅力です。

イロイロいろんななす

なすは奈良時代にはすでに日本で栽培されていたといわれています。栽培の歴史が長いため、各地に卵形なすや長なす、丸なす、白なすや青なすなどの色や形もさまざまな品種が生まれています。

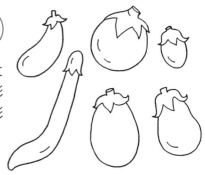

なすの色素成分 ナスニン

なすの皮には紫色の色素成分のナスニンが含まれます。ナスニンは血中のコレステロールの値を下げるといわれています。水溶性なので、油で調理すると流れ出るのを防げます。

なすはスポンジみたいに味がしみ込む！

なすの果肉はスポンジのような構造をしているため、味がしみ込みやすく、組み合わせた素材のうまみやだしを吸収してくれます。漬物、炒め物、揚げ物、煮物など、さまざまな料理があります。

春の野菜 なばな

アブラナ科アブラナ属の植物のつぼみと花茎、若葉を「なばな」と呼び、さまざまな種類があります。春が旬で、ビタミンCやカルシウム、鉄が豊富です。

疲労回復を助けてくれる
にら

にらには硫化アリルが含まれています。硫化アリルは、糖質がエネルギーにかわる時に大切なビタミンB$_1$の働きを助けてくれます。そのため、豚肉などのビタミンB$_1$が多く含まれている食材と一緒に調理をすると、疲労回復効果が高まります。

にんじんの
西洋種と東洋種

にんじんには、原産地からヨーロッパに伝わった西洋種と、中国に伝わった東洋種の大きく2種類があります。日本で一般に流通している太くて短いものは西洋種で、金時にんじんのような細長くて赤色や、紫色、白色のにんじんは東洋種です。

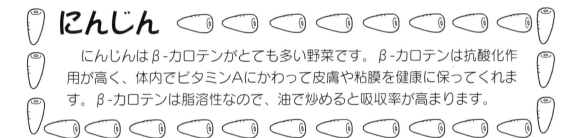

にんじん

にんじんはβ-カロテンがとても多い野菜です。β-カロテンは抗酸化作用が高く、体内でビタミンAにかわって皮膚や粘膜を健康に保ってくれます。β-カロテンは脂溶性なので、油で炒めると吸収率が高まります。

にんにくの　　　香りのもと
アリシン

アリシンは、にんにくに含まれ、すりおろしたり刻んだりすると強くあらわれます。強い殺菌作用のほか、ビタミンB$_1$の吸収を助けます。

にんにくは昔は薬だった!?

にんにくは900年代の古書に栽培の記録があり、日本にはそれ以前に伝わったとされています。しかし、当時の人の好みや宗教的な理由などによって、強壮作用のある薬用植物として使われていました。料理に使われるようになったのは、第二次世界大戦後といわれています。

白 が多い根深ねぎ　緑 が多い葉ねぎ

おもに土寄せをして白い部分が多い根深ねぎと葉の部分が多い葉ねぎがあります。根深ねぎは煮たり焼いたりした時に出る甘みを、葉ねぎは香りや彩りなど、それぞれの特徴を生かして使われます。

淡白な味で食べやすい
はくさい

はくさいは、芯の部分が肉厚でみずみずしく、苦みやえぐみが少ないので食べやすい野菜です。漬物や鍋物、炒め物、サラダなど、いろいろな料理に使えます。しっかりと葉が巻き、重みがあるものを選びます。葉の黒い点は、栄養過多や低温などが原因で起こるもので、問題なく食べられます。

はくさいはどうして ひもでしばるの？

畑で冬を越す時は、外側の葉で包み込むようにしてひもなどでしばられています。すると、葉が寒さで傷まずに、冬を越せます。寒さを耐えたはくさいは甘みが増します。

辛くないとうがらし
ピーマン

ピーマンはナス科トウガラシ属で、辛みのないとうがらしの仲間です。ビタミンCが多く、β-カロテンも含まれています。ピーマンのβ-カロテン当量は緑黄色野菜の基準（600μg以上）よりも少ない値ですが、摂取量などが多いことから、緑黄色野菜に分類されています。

血液をさらさらに！　ピラジン

ピーマンの青臭さはピラジンという香り成分によるものです。このピラジンは、血液をさらさらにする働きがあり、心筋梗塞や脳梗塞の予防に役立つといわれています。

栄養も甘みもパワーアップ！
パプリカ

パプリカはカラーピーマンの一種です。肉厚で苦みがなくて甘みがあり、赤や黄、オレンジなどの色があります。カラーピーマンは色によって栄養価が異なり、赤色は100g当たりのβ-カロテン量がとても多く含まれています。ビタミンCは赤、黄色共に多くなっています。

つぼみを食べる野菜
ブロッコリー

ブロッコリーは小さなつぼみが集まってできています。そのため、収穫せずそのままにしていると、花が咲きます。
ブロッコリーには、ビタミンCや食物繊維が多く含まれていて、抗酸化作用もあります。

ブロッコリーの茎だって食べられます！
使いきりのすすめ

　ブロッコリーは、つぼみの部分だけではなく、茎もナムルやきんぴらなどにして食べることができます。このほかにも、だいこんの皮やしいたけの軸など、食べられるところを無駄なく使いきることで、食品ロスの削減につながります。

ほうれんそうのビタミンC
夏どりと冬どりでこんなに違う!?

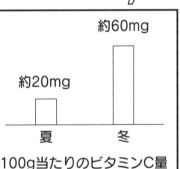

　ほうれんそうは、β-カロテンやビタミンCなどが豊富に含まれています。1年中出回っているほうれんそうですが、夏に収穫したものと、旬である冬に収穫したものとでは、ビタミンCの量に違いがあります。100g当たりのビタミンC量は、夏に収穫したものは約20mg、冬の場合は約60mgと冬の方が3倍も多く、旬のものの方が、栄養価が高くなっています。

約60mg

約20mg

夏　　　　　冬

100g当たりのビタミンC量

ほうれんそうは寒さに耐えて甘くなる

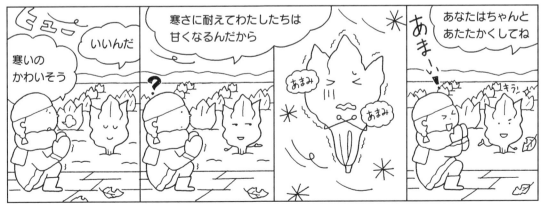

　野菜は気温が低い時に糖などをためて、冬に向けて甘みが増えるといわれています。ほうれんそうは寒さに強く、収穫前に寒さにさらすことで、糖度を高める栽培法（寒じめ栽培）もあります。

ミネラル豊富な
みずな

みずなは、鉄やカルシウムなどが豊富に含まれています。鉄は血液中で酸素を運ぶヘモグロビンの材料になり、カルシウムは骨や歯をつくる材料になるので、どちらも成長期にとりたい大切な栄養素です。

みずなは日本で生まれたといわれている野菜で、漬物や鍋物、炒め物、サラダなどで食べられます。

みずなは見た目のわりに濃いんです

みずなはシャキシャキとした歯ごたえが特徴で、葉は淡い緑色をしています。β-カロテンが多く含まれていて、緑黄色野菜に分類されます。β-カロテンのほかにも、ビタミンCやカルシウム、鉄、食物繊維も豊富です。

加熱をする時は時間を短くすると、歯ごたえや風味を保てます。

「萌やし」

もやしは豆などを暗いところで発芽させて、本葉が開く前に収穫したものです。もやしの種類には、緑豆、大豆、ブラックマッペ、アルファルファなどがあります。「萌」の字には、若い芽が伸びることという意味があります。

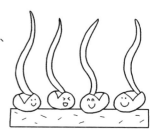

芽生えると……増えるんです！

わたし大豆もやし

わたしのこと栄養がないと思ってない？

もやしになると増えるのよ

ビタミンCが！！

大豆もやし5mg

大豆（ゆで）ほとんど含まれない

ちょっとだけね

豆にはほとんど含まれていないけれど、もやしになることで増える栄養素があります。それはビタミンCです。大豆（ゆで）や緑豆（ゆで）には、ほとんど含まれませんが、100g中、大豆もやしは5mg、緑豆もやしは8mgにそれぞれ増えています。

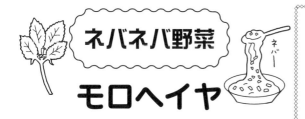

ネバネバ野菜 モロヘイヤ

モロヘイヤは緑黄色野菜で、β-カロテンが非常に多く含まれ、刻むとぬめりが出てネバネバになります。ぬめりを生かした料理が多く、おひたしやあえ物、汁の実、炒め物などで食べられています。

モロヘイヤは王様の野菜！

古代エジプトの王様がモロヘイヤのスープを飲んだら病気が治ったという伝説があります。モロヘイヤは100g当たりのβ-カロテン量が10000μg、カルシウムが260mg、食物繊維が5.9gなど、栄養豊富な野菜です。

おいしいレタスの選び方

レタスを選ぶ時は、葉の色が淡くて弾力があり、重くないものにしましょう。また、葉がしっかり巻いているものではなく、緩く巻いているものを選ぶようにします。

レタスの白い液は何？

白い液体のおもな成分はポリフェノールで、空気に触れると赤くなります。レタスを切ると白い液体が出てくるため、昔はレタスを「乳草」と呼んでいました。切り口をふくと赤色になるのを防ぎます。

レタスいろいろ

レタスには、球状に結球するものと、球状にならない不結球のものなどがあります。結球するものは一般的なレタスやサラダな、不結球のものはサニーレタスやリーフレタス、サンチュなどです。レタス類の中でもサラダなやサニーレタス、リーフレタス、サンチュなどはβ-カロテンがとても多く含まれています。

レタスは加熱してもおいしい

日本では生で食べることが多いレタスですが、鍋物や炒め物、スープなどにしてもおいしく食べられます。また、加熱するとかさが減ってたくさんの量を食べられます。

れんこんは地下に伸びた茎

れんこんは、泥の中を伸びる地下茎が肥大したものです。れんこんの断面には、約10個の穴が開いていて、この穴は水の上に伸びた葉とつながっています。これにより空気中の酸素を取り入れています。

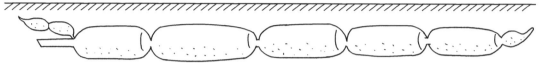

れんこんの栄養と調理のポイント

れんこんのおもな栄養成分は炭水化物（でんぷん）で、ビタミンCや食物繊維なども多く含んでいます。皮をむいたり切ったりすると変色しますが、酢水につけると白く仕上げられます。

先が
見通せる

れんこんは縁起物

れんこんは、断面に穴が開いていることから「見通しがきく」ということで、縁起のよい野菜としておせち料理などの祝いごとに使われてきました。

Q. 野菜ジュースは野菜のかわりになる？

A. 野菜ジュースだけでは、野菜の栄養をすべて補うことはできません。野菜ジュースをつくる過程で、ビタミンが壊れていたり、食物繊維が除かれたりしていることがあるからです。そのため、あくまで野菜不足を補うための食品として活用しましょう。

Q. 切ったごぼうを置いておくと色がかわるのはなぜ？

A. ごぼうに含まれるポリフェノールが空気に触れることで変色するからです。水や酢水にさらすと、変色を防ぐことができます。ただし、水溶性の栄養素が流れ出てしまうので、水にさらしすぎないようにします。

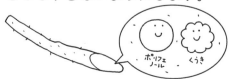

魚介類

文例つきイラストカット

日本は周囲を海に囲まれ、豊かな漁場があり、川や湖などにも恵まれているため、昔から多種多様な魚介類がとれます。このような環境によって魚食文化が育まれ、多様な魚を生食する、焼く、煮る、干す、加工するなど、さまざまな方法で食べられています。

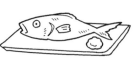

日本における魚介類の一人一年間当たりの消費量は、2001（平成13）年をピークに減少し続けています。しかし、魚介類には良質のたんぱく質や体によい油などが含まれています。成長期の子どもたちに積極的に食べてほしい食品です。

成長期の体をつくる栄養がいっぱい！ 魚

魚には、良質のたんぱく質やカルシウムなどの体をつくるのに必要な栄養素が含まれています。また、中性脂肪を減らすなど、体によい働きをする油を含んでいる特長があります。給食でも魚料理を多く取り入れています。成長期に丈夫な体をつくるためにも、積極的に魚を食べましょう。

魚の油

魚の油には、ドコサヘキサエン酸（DHA）やイコサペンタエン酸（IPA、EPAとも）が含まれていて、血液をさらさらにして動脈硬化を予防するなどの体によい働きがあります。DHAやIPA（EPA）はいわし、さば、さんま、ぶりなどに多く含まれています。

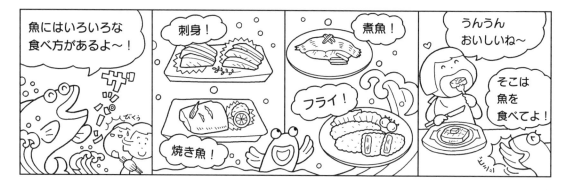

いろいろあるよ 魚料理

魚は刺身やたたき、焼き魚、煮魚、フライ、ムニエルなど、調理方法や味つけによっていろいろな料理があります。旬の魚や地域の魚を味わってみませんか。

魚が原料のだし

魚が原料のだしには、かつお節やさば節、煮干し（かたくちいわし、とびうおなど）などがあります。かつお節（本枯節）は上品でまろやかな味わい、さば節はこくがあってそばつゆに使われるなど、それぞれのよさがあります。

魚の鮮度の見わけ方

（丸ごとの場合）

（切り身の場合）

丸ごと１尾の場合は、目が澄んでいて透明感があり、外に張り出していること、身が締まって弾力があること、えらがきれいな赤色をしていることです。切り身の場合は、全体に弾力があり、身や血合いなどに透明感と艶があること、液汁（ドリップ）がたまっていないことです。

あじのギザギザは何？

あじの体の側面にあるギザギザは、「ぜんご（またはぜいご）」というかたいうろこです。ぜんごは調理の時、取り除きますが、けがをしやすいので注意が必要です。

昔から食べられてきた いわしと いわし加工品

いわしは、まいわし、かたくちいわし、うるめいわしなどがあり、昔からよく食べられています。いわしはたんぱく質や脂質、カルシウム、カルシウムの吸収を助けるビタミンDなどが豊富です。鮮度が落ちやすいので、いろいろな加工がされていて、加工品には丸干しや煮干し、めざし、しらす干しなどがあります。

のびたくちびるが特徴　めかじき

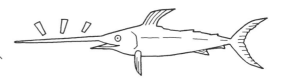

めかじきは、体長が４mを超える大きな魚で、上あごからくちびるが長くのびた特徴的な形をしています。フライやムニエル、煮物などにして食べられています。

春と秋に旬がある!? かつお

かつおは、春から初夏にかけて三陸沖まで北上し、秋から南下します。季節によって味わいがかわり、春頃の「初がつお」はたたきに、秋頃の「戻りがつお」は刺身がおすすめです。

ぼくは **かれい** です

かれいは「まこがれい」や「まがれい」などの種類があり、多くは目が右側に偏っています。実は、生まれた時は目が両側にありますが、成長すると右側へ移動していきます。白身の魚で、刺身や煮つけ、塩焼き、から揚げなどにして食べられています。

さけは赤身魚？ 白身魚？

白身魚です

さけは白身魚です。さけの身のピンクや赤などの色は、えさとなるえびのアスタキサンチンという色素成分によるものです。赤身魚の身の色は、ミオグロビンという色素成分が関係しています。

さばを読む

数をごまかすことを「さばを読む」といいます。昔、さばは鮮度が落ちやすいことから早口で数えて数をごまかすことがあったからといわれています。

鰆 －さわら－

産卵のために瀬戸内海に集まるのが春で、この時季によくとれることから魚偏に春と書くといわれています。一方、関東の場合は脂がのる冬が旬です。

秋の味覚！ さんま

さんまは、秋にとれる魚で見た目が刀のようであることから、「秋刀魚」と書くといわれています。秋が深まると脂がのってきます。

骨まで食べられる
ししゃも

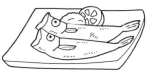

　ししゃもは、多くが干物として売られています。骨まで丸ごと食べられるので、カルシウムのよい補給源になり、成長期に食べてほしい食品です。一般に出回っているのは、からふとししゃもという種類です。

鍋物の味方
たら

　一般的に、「たら」といえば「まだら」のことをいいます。冬が旬の白身魚で、「たらちり」などの鍋物におすすめです。淡白な味で、いろいろな味に合うので、好みの味つけで冬のおいしさを楽しんでみませんか。

正月の縁起物
にしん・数の子

　にしんは「春告魚（はるつげうお）」ともいわれ、正月料理などに欠かせません。また、数の子は、にしんの卵巣を塩漬けにしたもので、子孫繁栄の願いを込めて、おせち料理に入れられています。

ぶりは出世魚

　ぶりは、成長するにつれて名前がかわる出世魚で、地域によっても呼び名が違います。例えば、関東ではワカシ、イナダ、ワラサ、関西ではツバス、ハマチ、メジロなどと、呼ばれています。

赤身魚の代表 まぐろ

　すしや刺身などで食べられているまぐろは、世界中を泳ぎ回る回遊魚です。長時間泳ぎ続けるので、酸素を運搬する赤色の物質のミオグロビンが多く含まれているため、身が赤くなります。

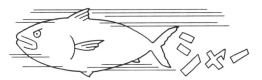

メルルーサってどんな魚？

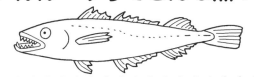

　たらの仲間で、ニュージーランドなどでとれます。フライやムニエル、煮魚などにして食べることができ、給食でも白身魚のフライなどで提供しています。

貝類はうまみ成分が  いっぱい

しじみやはまぐり、あさり、ほたてがいなどの貝類には、うまみ成分のコハク酸が含まれています。しじみのみそ汁やはまぐりのうしお汁、あさりのクラムチャウダーなど、いろいろな料理で食べられています。

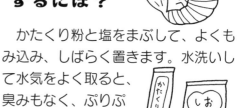

ぷりぷりえびにするには？

かたくり粉と塩をまぶして、よくもみ込み、しばらく置きます。水洗いして水気をよく取ると、臭みもなく、ぷりぷりになります。

いかはどんどん色がかわる!?

いかは、生きている時やとれたばかりの時は白く透明で、とれて時間がたつと赤や茶色にかわります。さらに時間がたつとまた白くなります。買う時には、よく見て選ぶようにします。

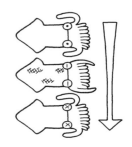

たこの栄養

たこはたんぱく質が豊富で、脂肪が少なく、低エネルギーの食品です。また、血中のコレステロールや中性脂肪を減らして血圧を正常に保ち、肝機能を高めるタウリンを含んでいます。

かまぼこもちくわも 水産練り製品大集合！

魚が原料の練り製品は、かまぼこやちくわ、はんぺん、さつま揚げ、つみれ、なると、だて巻きなどがあります。いろいろな魚を原料とするので、形や味、食感など、さまざまです。

Q. 魚の臭みが苦手。どうすれば食べやすくなる？

A. 魚の臭みが苦手な場合、塩や酒、みそ、しょうがなどを利用すると、臭みを消せます。新鮮なものを使うことも大切です。また、バターや香辛料で風味をつけたり、小麦粉をまぶしてうまみを閉じ込めたりすると、食べやすくなります。

牛乳・
乳製品

文例つきイラストカット

牛乳は乳牛からしぼった乳（生乳）を加熱・殺菌したものです。牛乳にはカルシウムが豊富に含まれていて、給食でも毎回出ています。不足しがちなカルシウムを十分にとるためにも、給食がない日でも積極的に飲んでほしい食品です。

世界各地ではチーズ、ヨーグルト、バターなど、さまざまな乳製品がつくられています。チーズは世界でもっとも種類が多い加工食品のひとつで、ヨーグルトは乳酸菌が豊富です。乳製品の特徴や栄養価を知り、食卓にもっと取り入れてみませんか。

牛乳でカルシウムをとろう

牛乳を飲もう！

牛乳はカルシウムが豊富です。小魚やこまつななどの青菜にも多く含まれていますが、牛乳は吸収率が高いという研究結果があります。成長期は骨や歯の成長にカルシウムが多く必要になるので、吸収率の高い牛乳がカルシウムの補給に便利です。

牛乳の栄養

成長期にとりたいカルシウムがいっぱい

牛乳200mL中のカルシウム量は約227mgです。成長期は体をつくるためにカルシウムが必要です。カルシウムが豊富な牛乳は、毎日飲んでほしい食品です。

※DVD-ROMにはコップのイラストも収録しています。

10代のうちに！カルシウム貯金

カルシウムは骨や歯の材料で、不足すると将来、骨がもろくなる骨粗しょう症になりやすくなります。骨量は10代で増加し、20歳前後にピークになります。そのため、10代の頃に骨密度を高めてカルシウム貯金をすることが大切です。牛乳を積極的に飲み、カルシウム貯金をしましょう。

牛乳が大好きなんです

牛乳はカルシウムが豊富でぜひ飲んでほしい食品ですが、1日コップ1～2杯程度にし、栄養を補給する目的で飲むようにします。水分補給は水かお茶にしましょう。

牛乳の変身

牛乳は発酵や分離によって、さまざまな食品に変身します。

発酵させるとヨーグルトやチーズになり、脂肪を分離させるとバターになります。このほかにも脱脂粉乳や練乳、アイスクリームなどができます。

牛乳を飲むとおなかがゴロゴロします

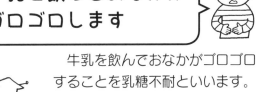

牛乳を飲んでおなかがゴロゴロすることを乳糖不耐といいます。乳糖不耐の人でも数回にわけて飲んだり、温めたりするとゴロゴロしなくなります。また、ヨーグルトは乳糖不耐が起こりにくい食品です。ただし、食物アレルギーの場合もあるので注意が必要です。

世界で食べられている
チーズ

世界にはチェダーやモッツァレラ、カマンベールなど、1000種以上のチーズがあるといわれています。色や風味、かたさ、食感の違いは原料乳（牛、やぎ、水牛など）や熟成方法などによるものです。

乳酸菌の力でつくる
ヨーグルト

乳酸菌は糖を分解して乳酸をつくります。ヨーグルトは、この乳酸菌の力を使って牛乳を発酵させたもので、腸内環境をととのえるプロバイオティクスの代表的な食品です。

Q. 牛乳は牛ならみんなつくれるの?

A. 　牛乳の原料となる生乳は、子牛を育てるために母牛が出すものです。雌牛が妊娠して子牛を産むと、乳をしぼれるようになります。わたしたちは、母牛からもらった乳を牛乳や乳製品にして飲んだり食べたりしています。酪農家は、牛においしい乳を出してもらうために、毎日愛情を込めて世話をしています。

Q. 牛乳パックのくぼみは何のためにあるの?

A. 　500mL以上の牛乳パックにあるくぼみは目の不自由な人が、触っただけで牛乳とわかるようにつけられています。また、くぼみは開け口の反対側にあるので、開け口を間違えずにすみます。このような、だれにでもわかりやすいデザインを「ユニバーサルデザイン」といいます。

Q. どうして給食には毎日牛乳が出るの?

A. 　日本人は、カルシウムの摂取量が不足しているといわれています。給食がある日とない日では、給食のある日の方がカルシウムの摂取量が多いという研究結果が出ています。給食に出る牛乳は、成長期に大切なカルシウム摂取に役立っています。

※DVD-ROMには牛乳びんのイラストも収録しています。

Q. プロバイオティクスって何?

A. 　「プロバイオティクス」とは、ビフィズス菌や乳酸菌などの体によい影響を与える微生物やそれを含む食品のことで、ヨーグルトや乳酸菌飲料が代表的です。食品からとったビフィズス菌や乳酸菌などは、腸にいる間、有害な菌の増殖を抑えて、腸内環境をととのえるなどの働きをしてくれます。

そのほかの
食品

文例つきイラストカット

未精製の穀類や、豆、野菜、いも、きのこ、海藻などには、食物繊維が多く含まれています。食物繊維は、便秘を予防したり、血糖値の上昇を緩やかにしたり、糖尿病や脂質異常症などの生活習慣病の予防・症状改善に役立ったりするといわれています。

果物には、ビタミンや果糖、ブドウ糖が多く含まれています。朝に果物を食べると、脳のエネルギー源であるブドウ糖をとることができます。また、水分も多く、クエン酸などの有機酸を含む果物が多いので、だ液の分泌を促し、食欲の増進に役立ちます。

エネルギー源になる食品 いも

いもは、エネルギーのもとになる炭水化物が主成分で、食物繊維も豊富です。世界では、主食として食べている国もあります。日本では、じゃがいも、さつまいも、さといも、やまいもなどが食べられています。

収穫の秋 いも掘り

いも掘りの季節です。掘り立てのさつまいもは、甘みが少ないため1週間ほど置いてから食べましょう。また、60℃〜70℃で加熱時間を長くすると、水分を飛ばすことができ、より甘みが引き出されます。

いも名月

十五夜は、いも名月ともいわれています。月見だんごが登場する前は、いもが供えられていたことや、いもの収穫期でさといもを供えるところが多かったことなどがその理由とされています。

じゃがいも
芽や緑色の部分は取り除こう

じゃがいもの芽や緑色の部分は、天然毒素を多く含みます。食べると、おう吐や腹痛を起こす可能性があり、重症化すると危険です。学校や家庭の菜園で栽培し、調理して食べる時などは、特に注意しましょう。

旬の果物チェック表

旬とは、よくとれて味がもっともよい時季のことです。果物の旬を見てみましょう。

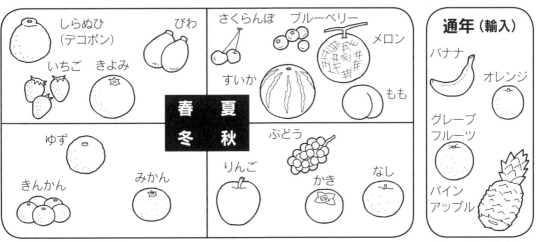

※旬は、地域によって差があるので、果物の位置を変更してお使いください。

家でも果物をとろう

学校給食の献立には、さまざまな果物を取り入れています。果物は、ビタミンやミネラル、食物繊維を含むほか、果糖、ブドウ糖、有機酸なども含まれています。果物を食べると、がんの予防になるともいわれています。さまざまな果物を食べましょう。

食物繊維が豊富な きのこ

きのこは、低エネルギーで食物繊維が豊富な食材です。食物繊維とは、体内で腸を刺激したり、便の量を増加させたりして、腸内環境を改善します。そのため、便秘や腸の病気予防に役立ちます。いろいろな料理でとりたい食品です。

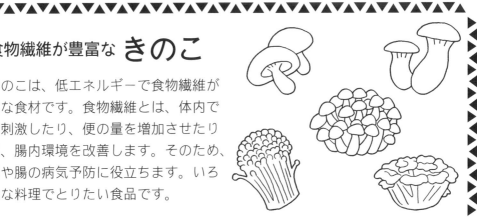

冷凍でうまみがアップ　きのこ

きのこは、冷凍保存することができます。冷凍すると細胞内の水分が膨らんで、細胞壁が壊れるため、調理の際に栄養分やうまみがとけ出します。調理をする時は、解凍せずに、凍ったまま使いましょう。

海の恵み　海藻

海藻は、低エネルギーでヨウ素や食物繊維が豊富です。ヨウ素は新陳代謝を活発にしたり、甲状腺ホルモンをつくったりするため成長期に大切です。ぬめり成分は食物繊維で、抗がん・抗菌作用や、血中のコレステロール値を下げる働きがあります。

わかめ　ひじき　もずく　こんぶ

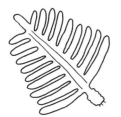

春を告げる食品
わかめ

わかめは、乾燥品や塩蔵品があるので、1年中食べることができますが、旬は春です。早春から生のわかめが多く出回ります。給食では、わかめごはんや、わかめのみそ汁など、わかめを使った献立を出しています。ご家庭でも生わかめのおいしさを味わってみませんか。

わかめごはん　　わかめのみそ汁　　若竹煮

ひじきくんのプロポーズ

ステンレスがまさん！鉄が豊富なぼくと結婚してください！

まぁ..

鉄が豊富だったのは昔の話よね

フッ…

鉄がまさんで煮て加工してた時のことでしょ

いいゆだなー♪

でも、ひじきくんの魅力は鉄だけじゃないわ！

わたしもだいすき♡

体をつくる 栄養素が豊富な 肉

肉は、良質なたんぱく質が含まれています。たんぱく質は、筋肉や血液や内臓などの体の組織をつくるもとになるため、成長期に大切な栄養素です。

牛肉は、赤身の部分に鉄を多く含み、豚肉は、疲労回復に役立つビタミンB₁を多く含みます。とりのむね肉には、抗酸化作用や抗疲労効果があるイミダゾールジペプチドが多く含まれています。

貧血予防によい食品 レバー

成長期は、鉄の必要量が多いため、不足しがちです。鉄が不足すると、貧血になるほか、疲れやすくなるなどの症状が現れます。貧血予防には鉄やビタミンAが豊富なレバーがおすすめです。いろいろな肉のレバーを食事に取り入れてみませんか？

便利で手軽な 食肉加工品

ハム、ソーセージ、ベーコンなどを総称して、食肉加工品といいます。ハムやソーセージのおもな原料は豚肉で、肉を塩漬けしたり、煙でいぶしたり、加熱したりして、貯蔵性や風味を向上させています。手軽に利用できる便利な食品ですが、食べすぎると塩分や食品添加物のとりすぎにもつながるので、上手に活用しましょう。

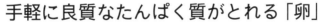

手軽に良質なたんぱく質がとれる「卵」

卵は、体内で合成できない必須アミノ酸をバランスよく含んでいて、良質なたんぱく質が豊富です。そのほか、悪玉コレステロールを減らして善玉コレステロールを増やす働きのあるレシチンなどの成分が含まれています。いろいろな料理で食べましょう。

弁当に大活躍！ **卵を使ったおかず**

卵は、ゆでたり、炒めたり、焼いたり、煮たり、いろいろな料理に使えて、栄養豊富な食品です。弁当のおかずにいろいろな卵料理をつくってみませんか？

| ゆで卵 | いり卵 | 卵焼き | 卵の巾着煮 | スペイン風オムレツ |

Q. さつまいもを食べるとおならが出るのはなぜ？

A. さつまいもは、でんぷんと食物繊維が豊富な食品です。胃ではなかなか消化されず、腸へと送り込まれて腸内細菌の栄養となり、ガスが発生することや、ヤラピンという成分が腸のぜん動運動を促すため、おならが出やすいと考えられています。さつまいもを食べた後のおならは、腸の働きが活発なことを示しています。

Q. 卵は賞味期限がすぎたら食べられないの？

A. 食品の期限表示は、賞味期限（おいしく食べることができる期限）と消費期限（期限をすぎたら食べない方がよい期限）があります。卵の賞味期限は、安心して生食できる期限とされています。ただし、保存状態によっても違うため、購入後は、冷蔵庫で保存して早めに使いましょう。賞味期限がすぎたら、加熱をして食べましょう。

月別おたより
1年間

A4判・縦

B4判・横

給食だより

子どもたちへの食育は、生涯にわたって健やかに生きるための基礎を培うことを目的としています。食育の中心は家庭ですが、学校全体でも積極的に取り組みますので、ご協力のほどよろしくお願いいたします。

学校における食に関する指導の内容

食に関する指導は、学校の教育活動全体を通して行います。

教科等の時間	給食の時間	個別的な相談指導
各教科や外国語活動、総合的な学習の時間、特別活動、自立活動は、食に関する指導と関連づけることができます。関連づけることで、食育の充実や教科等のよりよい目標達成につながります。	学校給食は、児童生徒の健康の維持・増進、体位の向上を図り、望ましい食習慣と食に関する実践力を身につけるために重要な教材です。また、地域の文化や伝統に対する理解や関心を深めます。	偏食、肥満・やせ傾向にある児童生徒や、食物アレルギーを有する児童生徒など、全体での指導では解決できない健康に関する個別性の高い課題について改善を促すために相談指導を行っています。

家庭・地域・学校の連携で食育をより豊かなものに！

子どもたちが、食に対する知識を深めて、日常生活で実践していくためには、家庭と学校が連携して食育に取り組むことが大切になってきます。また、地域のよさを理解してもらうためには、地場産物を給食に取り入れたり、農家や地域の方々との交流を深めたりしていきます。

旬を味わう給食紹介
たけのこごはん

今月は、たけのこごはんが登場します。たけのこは、竹の若い芽を掘り起こしたものです。旬のたけのこの香りや味を楽しみましょう。

Q. どうして給食には毎日牛乳が出るの？

A. 日本人は、カルシウムの摂取量が不足しているといわれています。給食がある日とない日では、給食のある日の方がカルシウムの摂取量が多いという研究結果が出ています。給食に出る牛乳は、成長期に大切なカルシウム摂取に役立っています。

食育だより 4月

子どもたちへの食育は、生涯にわたって健やかに生きるための基礎を培うことを目的としています。食育の中心は家庭ですが、学校全体でも積極的に取り組みますので、ご協力のほどよろしくお願いいたします。

学校全体の食に関する指導で育む資質・能力

知識・技能	食事の重要性や栄養バランス、食文化等についての理解を図り、健康で健全な食生活に関する知識や技能を身に付けるようにする。
思考力・判断力・表現力等	食生活や食の選択について、正しい知識・情報に基づき、自ら管理したり判断したりできる能力を養う。
学びに向かう力・人間性等	主体的に、自他の健康な食生活を実現しようとし、食や食文化、食料の生産等に関わる人々に対して感謝する心を育み、食事のマナーや食事を通じた人間関係形成能力を養う。

学校における食に関する指導の内容

食に関する指導は、学校の教育活動全体を通して行われます。

教科等の時間	給食の時間	個別的な相談指導
各教科や外国語活動、総合的な学習の時間、特別活動、自立活動は、食に関する指導と関連づけることができます。関連づけることで、食育の充実や教科等のよりよい目標達成につながります。	学校給食は、児童生徒の健康の維持・増進、体位の向上を図り、望ましい食習慣と食に関する実践力を身につける重要な教材です。また、地域の文化や伝統に対する理解と関心を深めます。	偏食、肥満・やせ傾向にある児童生徒や、食物アレルギーを有する児童生徒など、全体での指導では解決できない健康に関する個別性の高い課題について改善を促すために相談指導を行っています。

牛乳の栄養

成長期にとりたいカルシウムがいっぱい

牛乳200mL中のカルシウム量は約227mgです。成長期は体をつくるためにカルシウムが必要です。カルシウムが豊富な牛乳は、毎日飲んでほしい食品です。

季節によって違いがあるよ

春キャベツ	冬キャベツ
葉は、みずみずしくてやわらかいのが特徴です。軽く巻きは緩めです。生食に向いています。	葉は厚く、巻きはかためで形は平たいものが多い傾向があります。甘みがあり、煮込み料理に向いています。

たけのこの中にある白い粉は食べられる？

たけのこを、ご家庭で調理しようと思った時に、たけのこの中の白い粉のようなものを食べてもよいのか迷われたことはありませんか？ この白い粉のようなものは、チロシンというアミノ酸の一種で、うまみ成分です。ホルモンや神経伝達物質の生成にかかわっています。洗い流さないようにしましょう。

旬の果物チェック表

旬とは、よくとれて味がもっともよい時季のことです。果物の旬を見てみましょう。

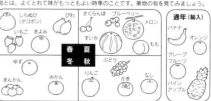

5月の
たより

A4判・縦

B4判・横

5月 給食だより

新学期が始まって1か月。疲れが出てくる人もいるのではないでしょうか。毎日元気に勉強や運動をするためにも、朝ごはんをしっかり食べて、生活リズムをととのえましょう。

朝ごはんは大切なエネルギー源

朝ごはんは、とても大切なものです。わたしたちは寝ている間もエネルギーを使っているので、朝起きた時は、エネルギーが少なくなっています。朝ごはんを食べることで、脳と体を目覚めさせて体温が上がり、午前中に勉強したり活動したりするエネルギーを補給することができます。朝ごはんを食べるためには、早起きをして時間にゆとりを持つことが大切です。

エネルギーのもとになる ごはん・パン・めん

ごはんやパン、めんには、エネルギーのもとになる炭水化物が多く含まれています。毎日を元気にすごすため、エネルギー源になる食品をしっかりとることが大切です。

 朝ごはんをしっかり食べて元気な毎日を！

そらまめのさやむき体験

先日、そらまめのさやむき体験を行いました。子どもたちは、においをかいだり、さやの中の綿毛を触ったりして楽しくむいていました。みんなで協力してむいたそらまめは、給食でおいしく食べました。旬のそらまめをご家庭でも味わってみませんか。

10代のうちに！ カルシウム貯金

カルシウムは骨や歯の材料で、不足すると将来、骨がもろくなる骨粗しょう症になりやすくなります。骨量は10代で増加し、20歳前後でピークになります。そのため、10代の頃に骨密度を高めてカルシウム貯金をすることが大切です。牛乳を積極的に飲み、カルシウム貯金をしましょう。

春と秋に旬がある!? かつお

かつおは、春から初夏にかけて三陸沖まで北上し、秋から南下します。季節によって味わいがかわり、春頃の「初がつお」はたたきに、秋頃の「戻りがつお」は刺身がおすすめです。

 食育だより 5月

今月はみなさんが楽しみにしている運動会があります。運動会の当日はもちろん、練習の時も十分に体を動かすことができるように、食事をしっかりとることが大切です。練習だけではなく食事の内容にも気を配りましょう。

スポーツには多くのエネルギーが必要

わたしたちは、食べ物からエネルギーや栄養素を得て、成長したり体を動かしたりしています。運動量が増えれば、その分、エネルギーや栄養素の必要量は多くなります。毎日3食をきちんと食べましょう。また、疲労を翌日に残さないことも大切です。

疲労回復に役立つ栄養素

ビタミンB1	アリシン（硫化アリル）
体の中で糖質がエネルギーにかわるために必要な栄養素です。豚肉や豆類などに豊富に含まれています。	糖質がエネルギーにかわるのに必要なビタミンB1の吸収を助けます。にんにくやねぎ、にらなどに豊富に含まれています。

体をつくる栄養素が豊富な 肉

肉は、良質なたんぱく質が含まれています。たんぱく質は、筋肉や血液や内臓などの体の組織をつくるもとになるため、成長期に大切な栄養素です。

牛肉は、赤身の部分に鉄を多く含み、豚肉は、疲労回復に役立つビタミンB1を多く含みます。とりのむね肉には、抗酸化作用や抗疲労効果があるイミダゾールジペプチドが多く含まれています。

旬を味わう給食紹介 グリンピースごはん

今月は、グリンピースごはんが登場します。この時季に出回る旬のグリンピースは、香りがあって、もっともおいしいといわれています。

教えて 名前の由来

 そらまめ

そらまめは、空に向かって実がなることから「空豆」と名づけられたといわれています。また、さやが蚕に似ていることから「蚕豆」と書いて、そらまめと読むこともあります。

朝ごはんは大切なエネルギー源

朝ごはんは、とても大切なものです。わたしたちは寝ている間もエネルギーを使っているので、朝起きた時は、エネルギーが少なくなっています。朝ごはんを食べることで、脳と体を目覚めさせて体温が上がり、午前中に勉強したり活動したりするエネルギーを補給することができます。朝ごはんを食べるためには、早起きをして時間にゆとりを持つことが大切です。

朝ごはんを食べる習慣ができている人は、栄養バランスのよい食事を心がけます。普段食べていない人は、何かを食べる習慣をつけることから始めていきましょう。

不足しがちなカルシウムをとろう

カルシウムは日本人の不足しがちな栄養素です。しかし吸収率が低く、摂取した量がそのまま利用されるわけではありません。骨粗しょう症などを防ぐためには、食事から多くとる必要があります。カルシウムが多い牛乳、乳製品や小魚、大豆製品、青菜などを毎日の食事で積極的にとりましょう。

10代のうちに！ カルシウム貯金

カルシウムは骨や歯の材料で、不足すると将来、骨がもろくなる骨粗しょう症になりやすくなります。骨量は10代で増加し、20歳前後でピークになります。そのため、10代の頃に骨密度を高めてカルシウム貯金をすることが大切です。牛乳を積極的に飲み、カルシウム貯金をしましょう。

6月の たより

A4判・縦

B4判・横

6月 給食だより

気温や湿度が上昇すると、細菌が原因となる食中毒が多く発生します。細菌は、温度や湿度などの条件がそろうと食べ物の中で増殖し、その食べ物を食べると食中毒を引き起こします。食中毒予防を徹底して行いましょう。

食中毒になるとどうなるの？

食中毒になると、多くの場合、おうと、腹痛、下痢、発熱などの症状を引き起こします。家庭での発生は症状が軽かったり、発症する人が少なかったりすることから、食中毒とは気づかれない場合もあります。

食中毒を予防しましょう

食中毒予防の原則は、食中毒の原因菌を「つけない」「増やさない」「やっつける」です。石けんを使った手洗いを徹底し、食品購入後は早く冷蔵庫に入れて、冷蔵庫を過信せずに早めに食べること、肉、魚などはしっかりと加熱し、特に肉は中心までよく加熱することが大事です。

つけない	増やさない	やっつける

歯と口の健康週間 6/4～6/10

みなさんは、よくかんで食事をしていますか？
よくかんで食べると、満腹感が得られて食べすぎを防ぐほか、だ液がたくさん出て消化・吸収をよくしたり、むし歯予防になったりします。また、脳の血流がよくなり、記憶力や集中力を高める効果があるといわれています。この機会に、よくかんで食べることを意識して食事をしてみましょう。

いろいろあるよ 魚料理

日本における魚介類の一人一年間当たりの消費量は、年々減少しています。おいしい魚介類がたくさんあるので、もっと食べましょう。

食育だより 6月

気温や湿度が上昇すると、細菌が原因となる食中毒が多く発生します。細菌は、温度や湿度などの条件がそろうと食べ物の中で増殖し、その食べ物を食べると食中毒を引き起こします。食中毒予防を徹底して行いましょう。

家庭での食中毒予防のポイント

食中毒は、家庭の食事で発生する危険性もあります。日頃から食中毒予防を心がけましょう。

1 食品の購入

肉、魚、野菜などは、新鮮なものを選び、表示のある食品は、消費期限などを確認しましょう。購入後は、寄り道せずに帰りましょう。

2 家庭での保存

冷蔵や冷凍が必要な食品は、帰宅後すぐに冷蔵庫や冷凍庫に入れましょう。冷蔵庫で細菌が死ぬわけではありません。早めに使いきりましょう。

3 下準備

手は石けんで洗い、生の肉や魚と生で食べる食品は、包丁やまな板を使いわけましょう。生の肉、魚、卵を扱った後も手を洗いましょう。

4 調理

石けんで手洗いをし、加熱して調理する食品は十分に加熱しましょう。調理を中断する時は、料理を室温に放置せずに、冷蔵庫に入れましょう。

5 食事

清潔な手で、清潔な器具を使って、清潔な食器に盛りつけましょう。食べる前は石けんでしっかりと手洗いをしましょう。

6 残った食品

残った食品は、小わけにして保存します。保存した食品はなるべく早めに食べるようにして、温め直す時は十分に加熱しましょう。

食べているのはどの部分？

それぞれの野菜は、植物のどの部分なのかを見てみましょう。

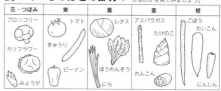

花・つぼみ	実	葉	茎	根
ブロッコリー	トマト きゅうり	レタス	アスパラガス たけのこ	ごぼう だいこん
カリフラワー	ピーマン	ほうれんそう にら	れんこん	にんじん
みょうが				

※花・こんは、花を食べる部分に分類していますが、実際はがくと葉の部分を食べています

歯と口の健康週間 6/4～6/10

みなさんは、よくかんで食事をしていますか？
よくかんで食べると、満腹感が得られて食べすぎを防ぐほか、だ液がたくさん出て消化・吸収をよくしたり、むし歯予防になったりします。また、脳の血流がよくなり、記憶力や集中力を高める効果があるといわれています。この機会に、よくかんで食べることを意識して食事をしてみましょう。

じゃがいも

芽や緑色の部分は取り除こう

じゃがいもの芽や緑色の部分は、天然毒素を多く含みます。食べると、おうと吐や腹痛を起こす可能性があり、重症化すると危険です。学校や家庭の菜園で栽培し、調理して食べる時などは、特に注意しましょう。

メルルーサってどんな魚？

たらの仲間で、ニュージーランドなどでとれます。フライやムニエル、煮魚などにして食べることができ、給食でも白身魚のフライなどで提供しています。

7月の たより

A4判・縦

B4判・横

7月 給食だより

暑い夏は、夏ばてに注意が必要です。夏ばてとは、暑さによって体のだるさや食欲の低下などが起こることをいいます。夏ばてに負けないで毎日を元気にすごすために、気をつけてほしい生活習慣についてお伝えします。

気をつけたい 夏休みの 生活習慣

日頃から1日3食バランスのとれた食事をとることが大切です。食欲がない時は香辛料や酢の物などを利用します。また、十分な睡眠をとります。食事をぬいたり、夜ふかしをして生活リズムが乱れたりすると、体調不良の原因になります。

めん料理は 具だくさんにしよう

めんだけでは、たんぱく質やビタミンなどが不足して、栄養のバランスが偏りがちです。うどんやラーメン、そうめん、焼きそばなどのめん料理には、肉や野菜、きのこなどを加えて具だくさんにして、栄養バランスがととのうようにしましょう。

Q. 野菜ジュースは野菜のかわりになる?

A. 野菜ジュースだけでは、野菜の栄養をすべて補うことはできません。野菜ジュースをつくる過程で、ビタミンが壊れていたり、食物繊維が除かれたりしていることがあるからです。そのため、野菜ジュースはあくまで、野菜不足を補うための食品として活用し、野菜を食べるようにしましょう。

やってみよう とうもろこしの 皮むき

とうもろこしの旬は夏で、皮やひげがついたままで売られています。子どもたちでも簡単に皮をむくことができるので、一緒にやってみてはいかがでしょうか。皮むきの後は、ぜひ皮やひげ、粒（実）を観察してみてください。色やにおい、触った感じなどを確かめてみましょう。

食の体験を広げよう!

夏休みを利用して、さまざまなことを体験してみませんか? 野菜の栽培・観察をする、家族の食事をつくる、地域の行事食を調べるなど、これまでに学んだことを生かして、やってみたいこと、調べたいことを見つけて挑戦してみましょう。取り組んだ後は、工夫した点や感想、さらにやってみたいことなどをまとめます。長い休みだからこそ有意義にすごしてください。

食育だより 7月

暑い夏は、夏ばてに注意が必要です。夏ばてとは、暑さによって体のだるさや食欲の低下などが起こることをいいます。夏ばてに負けないで毎日を元気にすごすために、気をつけてほしい生活習慣についてお伝えします。

気をつけたい 夏休みの 生活習慣

日頃から1日3食バランスのとれた食事をとることが大切です。食欲がない時は香辛料や酢の物などを利用します。また、十分な睡眠をとります。食事をぬいたり、夜ふかしをして生活リズムが乱れたりすると、体調不良の原因になります。

めん料理は 具だくさんにしよう

めんだけでは、たんぱく質やビタミンなどが不足して、栄養のバランスが偏りがちです。うどんやラーメン、そうめん、焼きそばなどのめん料理には、肉や野菜、きのこなどを加えて具だくさんにして、栄養バランスがととのうようにしましょう。

Q. 野菜ジュースは野菜のかわりになる?

A. 野菜ジュースだけでは、野菜の栄養のすべてを補えません。野菜ジュースをつくる過程で、一部の栄養素が壊れたり除かれたりしていることがあるからです。あくまで、野菜不足を補うための食品として活用しましょう。

成長期の無理なダイエットはやめよう

食事や炭水化物をぬくなどの無理なダイエットは、体の発育・発達が妨げられ、免疫力低下や、女子の場合は月経異常などを引き起こします。健康のためには、バランスのよい食事をとり、適度な運動をすることが大切です。

うまみたっぷりトマト

トマトのうまみ成分はグルタミン酸で、こんぶと同じうまみ成分です。トマトのおいしさはグルタミン酸とトマト特有の酸味と甘みによるものです。また、トマトはリコピン（リコペン）が多く、強い抗酸化作用があります。

ネバネバ野菜 モロヘイヤ

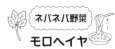

モロヘイヤは緑黄色野菜で、β-カロテンが非常に多く含まれ、刻むとぬめりが出てネバネバになります。ぬめりを生かした料理が多く、おひたしやあえ物、汁の実、炒め物などで食べられています。

苦手な野菜No.1!? ゴーヤの苦みを抑える方法

ゴーヤの独特の苦み成分は皮に含まれていて、中の白い綿には、ほとんど含まれていません。そのため、綿をしっかり取り除く必要はありません。苦みを取るには、薄切りして塩もみをしてから洗い流したり、熱湯でさっと下ゆでをしたりする方法があります。

食の体験を広げよう!

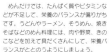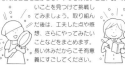

夏休みを利用して、さまざまなことを体験してみませんか? 野菜の栽培・観察をする、家族の食事をつくる、地域の行事食を調べるなど、これまでに学んだことを生かして、やってみたいこと、調べたいことを見つけて挑戦してみましょう。取り組んだ後は、工夫した点や感想、さらにやってみたいことなどをまとめます。長い休みだからこそ有意義にすごしてください。

水分補給で 熱中症予防

水分は、のどがかわく前にこまめに補給します。普段は水や麦茶にして、運動中などの汗を多くかく時は塩分もとります。熱中症は高温多湿な環境に長くいることで、体温調節機能がうまく働かなくなった状態です。暑い日は無理せず、こまめに休憩をとり、水分をとりましょう。

8月の たより

A4判・縦

B4判・横

 8月 給食だより

夏休みは、普段できないさまざまな体験ができる貴重な機会です。そこで、家族や自分のための弁当づくりに取り組んでみませんか？ 衛生面に気をつけて、彩りや栄養、味のバランスを考えてつくってみましょう。

夏場は特に衛生面に気をつけよう 弁当づくりのポイント

つくる時は衛生面に配慮し、必要に応じて保冷剤などを利用して弁当がいたまないようにしましょう。

おかずはしっかり火を通す	濃いめの味つけにする	抗菌効果のある食材を使う
菌の繁殖を抑えるために、肉、魚、卵などは、しっかり中まで十分に火を通しましょう。	砂糖やしょうゆなどの調味料でいつもより濃いめの味つけにすると、いたみにくくなります。	殺菌、抗菌効果が期待できる、しょうが、梅干し、わさび、酢を使うのもひとつの方法です。

生野菜の扱いに気をつける	汁気を切ってから詰める	料理が冷めてからふたをする
レタスやトマトは、よく洗ってから水気をしっかり拭き取り、トマトのへたは取り除きます。	余分な汁気は、菌を繁殖させる原因になります。ペーパータオルなどで吸わせましょう。	温かいままふたをすると、こもった蒸気が水滴となり、菌を増やす原因になります。

 **8月31日は 野菜の日**

野菜不足になっていませんか？ いろいろな野菜をおいしく食べましょう。

弁当に大活躍！ 卵を使ったおかず

卵は、炒めたり、焼いたり、煮たり、いろいろな料理に使えて、栄養豊富な食品です。弁当のおかずにいろいろな卵料理をつくってみませんか？

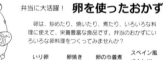

いり卵	卵焼き	卵の巾着煮	スペイン風オムレツ

 # 食育だより 8月

夏休みは、普段できないさまざまな体験ができる貴重な機会です。そこで、家族や自分のための弁当づくりに取り組んでみませんか？ 衛生面に気をつけて、彩りや栄養、味のバランスを考えてつくってみましょう。

夏休みに挑戦！ 基本の弁当の詰め方

弁当に料理を詰める時は、詰める順番や詰め方にポイントがあります。料理が偏らないように隙間なく詰めましょう。また、夏場の弁当づくりは、特に衛生面に気をつけましょう。

1 ごはんを詰める	2 主菜を詰める	3 副菜を詰める
ごはんは、温かいうちに詰めて冷まします。	冷ました肉や魚、卵などの主菜となるおかずを、形をそろえて詰めます。	形がととのいにくいものや味がうつりやすいものはアルミカップなどを利用しましょう。

見て美しい！ 食べておいしい！ 彩りおかず

弁当は、彩りを考えて、おかずを決めると、おいしそうな見た目になります。

赤	緑	黄・白	茶・黒
ミニトマト	ゆでブロッコリー	とうもろこしのミートボール	しいたけのバター焼き
焼きパプリカ	さやいんげんのごまあえ	粉ふきいも	ひじきの煮物
にんじんサラダ	青菜のおひたし	かぼちゃの煮物	煮豆

ラップフィルムを使ってにぎろう お・に・ぎ・り

手には、見えない菌がたくさんいます。そのため、直接ごはんに触れないように、ラップフィルムを用いて、にぎるようにしましょう。

休みの日も 牛乳を 飲もう！

牛乳はカルシウムが豊富です。小魚やこまつななどの青菜にも多く含まれていますが、牛乳は吸収率が高いという研究結果があります。成長期は骨や歯の成長にカルシウムが多く必要になるので、吸収率の高い牛乳がカルシウムの補給に便利です。

たまねぎを切るとなぜ涙が出るの

それはたまねぎに含まれる「硫化アリル」が、目や鼻の粘膜を刺激するからです。涙を出にくくするには、事前にたまねぎを冷やしたり、切れ味のよい包丁で素早く切ったりする方法があります。硫化アリルは、ねぎやにんにくなどに含まれ、抗酸化作用やビタミンB₁の働きを助けるなどの効果があります。

夏休み 協力し合おう！ 家庭の仕事

家族のために食事をつくる	食事の片づけをする	ごみ出しをする

家庭の仕事には、食事をつくったり、洗濯をしたり、掃除をしたりするなどさまざまなものがあります。家族の一員として協力し合うためにも、生活をふりかえり、家庭の中で自分ができることを探しましょう。

9月の たより

A4判・縦

B4判・横

9月 給食だより

長い夏休みが終わり、学校生活が再開します。学校がある日もない日も元気にすごすためには、規則正しい生活リズムが大切です。朝ごはんや睡眠・休養など、生活リズムをととのえるためのポイントをお伝えします。

元気にすごすために 生活リズムをととのえよう

生活リズムをととのえるには、早起き・早寝・朝ごはんを心がけることが大切です。早起きをして朝ごはんを食べると、脳や体が目覚めます。日中は勉強や運動、遊びなどで十分に活動することで、夜はぐっすり眠れます。学校がある日はもちろん、学校がない日も決まった時刻に起きて、決まった時刻に寝るようにします。週末の夜ふかしや休日の朝寝坊は、生活リズムを乱れさせる原因になります。

早起き・早寝・朝ごはんをするためのポイント

 電源オフ

 朝、太陽の光を浴びる

 前日のうちに用意する

スマートフォンやゲームなどの液晶画面からは強い光が出ます。夜に浴びると眠れなくなるので寝る2時間前までには電源を切ります。朝日は体内時計のずれをリセットする働きがあり、脳や体を目覚めさせます。また、翌日の学校の準備は前の日のうちにしておくと、朝の時間に余裕が持てます。

 災害に備える **備蓄に便利なアルファ化米**

アルファ化米は、水や湯を入れるだけで食べられて、レトルト食品にくらべて軽いのが特長です。登山などの携帯食や、災害時の非常食として、とても便利です。食料の備蓄は、普段から多めに買っておき、賞味期限を考えながら計画的に消費して、その分を補充すると、いざという時に賞味期限が切れていた！ということがなくなります。

 いも名月

十五夜は、いも名月ともいわれています。月見だんごが登場する前は、いもが供えられていたことや、いもの収穫期でさといもを供えるところが多かったことなどがその理由とされています。

食育だより 9月

長い夏休みが終わり、学校生活が再開します。学校がある日もない日も元気にすごすためには、規則正しい生活リズムが大切です。朝ごはんや睡眠・休養など、生活リズムをととのえるためのポイントをお伝えします。

元気にすごすために 生活リズムをととのえよう

生活リズムをととのえるには、早起き・早寝・朝ごはんを心がけることが大切です。早起きをして朝ごはんを食べると、脳や体が目覚めます。日中は勉強や運動、遊びなどで十分に活動することで、夜はぐっすり眠れます。学校がある日はもちろん、学校がない日も決まった時刻に起きて、決まった時刻に寝るようにします。週末の夜ふかしや休日の朝寝坊は、生活リズムを乱れさせる原因になります。

家族で見直し！ 生活習慣

子どもが寝ている近くで家族がテレビを見ていることなどはありませんか？　子どもだけ早寝をさせようとしても、なかなかうまくいきません。規則正しい生活習慣を送るためには、家族みんなで取り組むことが大切です。家族でできることを、ぜひ話し合ってみてください。

体内時計とは

わたしたちは、体温や血圧、睡眠、エネルギー代謝などを調節する「体内時計」を持っています。ヒトの体内時計の周期は24時間より少し長く、1日（24時間）とは、ずれています。そこで、朝日を浴びて朝ごはんを食べると、このずれをリセットできます。反対に夜ふかしや夜遅い時間の食事は体内時計のリズムを乱れさせます。そのため、早起き・早寝・朝ごはんが大切なのです。

9月1日は防災の日 もしもの時のために 備蓄しよう

大きな災害が起こると、長い間食品が手に入らないことがあります。食品や水は最低3日〜1週間分の備蓄が望ましいといわれています。栄養バランスや家族の好みも考えながら、魚介や肉の缶詰、日持ちするいもや野菜なども備蓄しておきます。食品以外にカセットこんろやビニール袋、ラップフィルムなどがあると便利です。

 災害に備える **備蓄に便利なアルファ化米**

アルファ化米は、水や湯を入れるだけで食べられて、レトルト食品にくらべて軽いのが特長です。登山などの携帯食や、災害時の非常食として、とても便利です。食料の備蓄は、普段から多めに買っておき、賞味期限を考えながら計画的に消費して、その分を補充すると、いざという時に賞味期限が切れていた！ということがなくなります。

いも名月

十五夜は、いも名月ともいわれています。月見だんごが登場する前は、いもが供えられていたことや、いもの収穫期でさといもを供えるところが多かったことなどがその理由とされています。

成長期の体をつくる 栄養がいっぱい！ 魚

魚には、良質のたんぱく質やカルシウムなどの体をつくるのに必要な栄養素が含まれています。また、中性脂肪を減らすなど、体によい働きをする油を含んでいる特長があります。給食でも魚料理を多く取り入れています。成長期に丈夫な体をつくるためにも、積極的に魚を食べましょう。

Q. 魚の臭みが苦手。どうすれば食べやすくなる？

A. 魚の臭みが苦手な場合、塩や酒、みそ、しょうがなどを利用すると、臭みを消せます。新鮮なものを使うことも大切です。また、バターや香辛料で風味をつけたり、小麦粉をまぶしてうまみを閉じ込めたりすると、食べやすくなります。

10月の たより

A4判・縦

B4判・横

10月 給食だより

今年も新米の季節がやってきました。地域のお米も収穫されて、給食でも提供していきます。
農家の方が心を込めて育てたおいしい新米を、ぜひ味わって食べてください。

ごはんの栄養

ごはんは炭水化物（でんぷん）を多く含み、エネルギー源となる食品です。でんぷんには、加熱するとさらっとしているアミロースと、粘りが出るアミロペクチンがあります。ごはん（うるち米）はアミロースを含み、もち（もち米）はアミロペクチンのみなので、もちの方が粘りが強くなります。

いも掘り

いも掘りの季節です。掘り立てのさつまいもは、甘みが少ないため1週間ほど置いてから食べましょう。また、60℃〜70℃で加熱時間を長くすると、水分を飛ばすことができ、より甘みが引き出されます。

減塩をしてみませんか？

厚生労働省が定める食塩摂取量の1日の目標量は、6〜7歳で4.5g未満、8〜9歳で5g未満、10〜11歳で6g未満、12〜14歳男性で7g未満、女性で6.5g未満とされています。日本人は塩分をとりすぎているため、健康のためには塩分をひかえて、薄味で素材のうまみを感じられるようにすることが大切です。

「米」という字

「米」の漢字を分解すると「八十八」になります。このことから、米づくりは88回もの手間がかかるといわれています。現在は便利な機械があり、それでもたくさんの手間がかかります。農家さんに感謝して、味わって食べましょう。

高血圧予防にとりたい カリウム

カリウムは、ナトリウムを排泄しやすくする働きがあります。いろいろな食品に含まれていますが、野菜やいも、果物などの植物性食品に多く含まれているので、積極的にとりましょう。

カリウムを多く含む食品例

ほうれんそう　バナナ　キウイフルーツ　じゃがいも　納豆

食育だより 10月

ナトリウムは、生命活動を維持するために必要な栄養素ですが、慢性的にとりすぎると、生活習慣病の発症や重症化の可能性があります。将来にわたって健康な生活を送るためにも、減塩を心がける必要があります。

おいしく減塩する4つのポイント

食事からの塩分の摂取量を減らすポイントをご紹介します。

1 きちんと計量する

調理をする時は、計量スプーンやカップなどを使って、調味料や食材を正確にはかる習慣をつけましょう。目分量の調理では、気づかないうちに調味料を使いすぎる原因になります。

2 調理法や味つけを工夫する

素材やだしのうまみを生かしたり、酸みや辛みを効かせたり、香味野菜を使ったり、油を使った料理でこくをつけたりすると、満足感が高まり、薄味でもおいしく食べられます。

3 食べ方を工夫する

ラーメンやうどんなどの汁は残したり、みそ汁は実だくさんにして食べる回数や汁の量を減らしたり、揚げ物のソースやしょうゆはひかえたりするなど、できることをしましょう。

4 カリウムを含む食品を食べる

カリウムは、野菜、いも、果物などに多く含まれていてナトリウムを排泄しやすくする働きがあります。水にとけやすく、調理によって損失しやすいため、工夫してとるようにしましょう。

塩分1gってどのくらい？

身近な食品に含まれる塩分（食塩相当量）を確認してみましょう。

ウインナーソーセージ3本

ロースハム2枚

スライスチーズ2枚

食パン8枚切り1と1/2枚

焼き竹輪1/2本

※食塩相当量は、食品によって違います。目安としてご活用ください。

ごはんの栄養

ごはんは炭水化物（でんぷん）を多く含み、エネルギー源となる食品です。でんぷんには、加熱するとさらっとしているアミロースと、粘りが出るアミロペクチンがあります。ごはん（うるち米）はアミロースを含み、もち（もち米）はアミロペクチンのみなので、もちの方が粘りが強くなります。また、同じでんぷんでも、粒状のごはんは、粉からできているパンやめんよりも消化吸収がゆっくりなため、腹持ちがよいといわれています。

エネルギー源になる食品 いも

いもは、エネルギーのもとになる炭水化物が主成分で、食物繊維も豊富です。世界では、主食として食べている国もあります。日本では、じゃがいも、さつまいも、さといも、やまいもなどが食べられています。

じゃがいも　さといも
さつまいも　やまいも

Q. さつまいもを食べるとおならが出るのはなぜ？

A. さつまいもは、でんぷんと食物繊維が豊富な食品です。胃ではなかなか消化されず、腸へと送り込まれて腸内細菌のえさとなり、ガスが発生することや、ヤラピンという成分が腸のぜん動運動を促すため、おならが出やすいと考えられています。さつまいもを食べた後のおならは、腸の働きが活発なことを示しています。

家でも果物をとろう

学校給食の献立には、さまざまな果物を取り入れています。果物は、ビタミンやミネラル、食物繊維を含むほか、果糖、ブドウ糖、有機酸なども含まれています。果物を食べると、がんの予防になるともいわれています。さまざまな果物を食べましょう。

11月の たより

A4判・縦

B4判・横

 ## 給食だより

11月23日は勤労感謝の日です。わたしたちが食べている食べ物は、いろいろな人によってつくられ、届けられています。さまざまな人の労力があるおかげで、わたしたちは食事をすることができています。

学校給食にかかわっている人たち

栄養士
調理員

生産者

運送業者

学校給食には、多くの人がかかわっています。献立を考える栄養士、その献立をもとに調理をする調理員、食べ物を育てたりとったりする生産者、食べ物を運ぶ運送業者などです。ほかにもいろいろな人が学校給食を支えてくれています。その人たちへ、感謝の心を持って食べましょう。

 和食の日

11月24日は「和食の日」です。この日は、和食や日本の伝統的な食文化について考えてみましょう。そして、家族で話題にしてみませんか？

魚が原料のだし

魚が原料のだしには、かつお節やさば節、煮干し（かたくちいわし、とびうおなど）などがあります。かつお節（本枯節）は上品でまろやかな味わい、さば節はこくがあってそばつゆに使われるなど、それぞれのよさがあります。

秋・冬が旬の野菜

れんこん　ごぼう　だいこん　ねぎ　はくさい　ほうれんそう　こまつな　しゅんぎく

 # 食育だより 11月

11月23日は勤労感謝の日です。わたしたちが食べている食べ物は、いろいろな人によってつくられ、届けられています。さまざまな人の労力があるおかげで、わたしたちは食事をすることができています。

学校給食にかかわっている人たち

栄養士
調理員　　生産者　　運送業者

学校給食には、多くの人がかかわっています。献立を考える栄養士、その献立をもとに調理をする調理員、食べ物を育てたりとったりする生産者、食べ物を運ぶ運送業者などです。ほかにもいろいろな人が、学校給食を支えてくれています。その人たちへ、感謝の心を持って食べましょう。

 和食の日

11月24日は「和食の日」です。「和食：日本人の伝統的な食文化－正月を例として－」は、ユネスコの無形文化遺産に登録されています。

この日は、和食や日本の伝統的な食文化について考えてみましょう。そして、家族で話題にしてみませんか？

地産地消を推進 地場産物を食べよう！

地産地消とは、地域で生産した農林水産物を地域で消費する取り組みです。生産者と消費者の結びつきが強まり、「顔が見える関係」で生産の状況も確かめられて、新鮮な食品を消費でき、地域が活性化します。また、輸送距離が短いため、輸送のエネルギーの削減になり、環境問題に貢献できます。給食でも積極的に地場産物を活用しています。

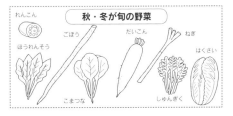

秋・冬が旬の野菜

れんこん　ごぼう　だいこん　ねぎ　ほうれんそう　こまつな　しゅんぎく　はくさい

食事のあいさつをしましょう

＼いただきます／　＼ごちそうさま／

日本では、食事の前と後に「いただきます」「ごちそうさまでした」のあいさつをします。感謝の気持ちを込めて食事のあいさつをして、残さず食べましょう。

食物繊維が豊富な きのこ

きのこは、低エネルギーで食物繊維が豊富な食材です。食物繊維とは、体内で腸を刺激したり、便の量を増加させたりして、腸内環境を改善します。そのため、便秘や腸の病気予防に役立ちます。いろいろな料理でとりたい食品です。

12月の たより

A4判・縦

B4判・横

  ## 12月 給食だより

12月に入り、寒さが身にしみる季節になりました。今年も残すところあと1か月です。体調をくずさないように規則正しい生活習慣と栄養バランスのよい食事を心がけて、楽しい冬休みを迎えられるようにしましょう。

冬休みのすごし方について

早寝　早起き　朝ごはん

手洗い　うがい　食べすぎ注意

冬休みに入っても、学校がある日と同じように、早寝、早起き、朝ごはんを心がけて、かぜ予防のために手洗い、うがいを徹底しましょう。また、年末年始は、いろいろなものを食べる機会も増えると思います。食べすぎには気をつけましょう。

もうすぐ冬至です

冬至は1年中で昼間がもっとも短く、夜がもっとも長い日です。冬至に向かって日が短くなり、冬至をすぎると日は長くなっていくので、「太陽がよみがえる日」とも考えられています。冬至には、かぼちゃや小豆がゆなどを食べたり、ゆず湯に入ったりする習わしがあります。

かぼちゃとシンデレラ

さて、かぼちゃを馬車に変身させるよ

そんな時は……　かぼちゃ　かぼちゃ　へんし〜ん

かぜ予防にかぼちゃの煮物だよ

体をあたためる しょうが

しょうがの辛みと香りの成分には、いろいろな働きがあります。血行を促進する作用があるため、冷え性の改善や代謝向上などに効果があります。そのほかには、殺菌作用や消臭効果、肉をやわらかくする働き、食欲増進効果などもあります。

食育だより 12月

12月に入り、寒さが身にしみる季節になりました。今年も残すところあと1か月です。体調をくずさないように規則正しい生活習慣と栄養バランスのよい食事を心がけて、楽しい冬休みを迎えられるようにしましょう。

冬休みに入っても、学校がある日と同じように、早寝、早起き、朝ごはんを心がけて、かぜ予防のために手洗い、うがいを徹底しましょう。また、年末年始は、いろいろなものを食べる機会も増えると思います。食べすぎには気をつけましょう。

寒さに負けない！冬休みの生活習慣

  ①早寝しよう

 ②早起きしよう

 ③朝ごはんを食べよう

 ④手洗いをしよう

 ⑤うがいをしよう

  ⑥暴飲暴食はやめよう

体をあたためる しょうが

しょうがの辛みと香りの成分には、いろいろな働きがあります。血行を促進する作用があるため、冷え性の改善や代謝向上などに効果があります。そのほかには、殺菌作用や消臭効果、肉をやわらかくする働き、食欲増進効果などもあります。

だいこんの部位ごとのおすすめ料理

だいこんは、部位によって甘みや辛みなどが違うため、それぞれ使いわけましょう。

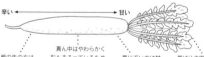

辛い　　　　　　　甘い

根の先の方は、辛みが強いため、漬物やみそ汁に。

真ん中はやわらかく形もそろっているため、おでんや煮物など、いろいろな料理に。

葉に近い方は甘みが強いため、サラダなどの生食に。

葉は汁の実や炒め物に。

つぼみを食べる野菜 ブロッコリー

ブロッコリーは小さなつぼみが集まってできています。そのため、収穫せずそのままにしていると、花が咲きます。ブロッコリーには、ビタミンCや食物繊維が多く含まれていて、抗酸化作用もあります。

鍋物の味方 たら

一般的に、「たら」といえば「まだら」のことをいいます。冬が旬の白身魚で、「たらちり」などの鍋物におすすめです。淡白な味で、いろいろな味に合うので、好みの味つけで冬のおいしさを楽しんでみませんか。

冬至といえば かぼちゃ

冬至には、かぼちゃを食べる風習があります。かぼちゃは、β-カロテン、ビタミンE、Cなどが豊富に含まれた野菜です。β-カロテンは、体内でビタミンAにかわり、皮膚や粘膜を保護する作用があります。かぜ予防に食べたい食品です。

〜かぼちゃの種類いろいろ〜

西洋かぼちゃ

日本で多く流通し、甘みが強く、ほくほくしています。天ぷらなどに向いています。

日本かぼちゃ

淡白な味で、ねっとりとした果肉です。だしがしみやすく、煮物などに向いています。

そのほか

そうめんかぼちゃ（金糸瓜）やバターナッツ、コリンキー、ズッキーニなどがあります。

1月の たより

A4判・縦

B4判・横

給食だより

1月24日から30日は全国学校給食週間です。学校給食は、成長期にある子どもたちの心身の健やかな成長、発達を支え、望ましい食習慣と食に関する実践力を育みます。

日本の学校給食

日本の学校給食は、明治22年（1889年）に山形県の私立忠愛小学校で、貧しくて昼食を用意できない子どものために、無償で提供されたのが始まりといわれています。その後、戦争などで一時中断しましたが、第二次世界大戦後に再開されました。

現在の給食は、栄養バランスのよい食事で成長期にある子どもたちの健やかな成長を支え、食に関する正しい知識と望ましい食習慣を身につけるために重要な役割を果たしています。

 給食の思い出を聞かせてください

学校給食は長く続いていて、保護者の方たちも食べてきた人が多いと思います。好きだった献立や印象深いできごとなどをぜひ家族で語り合ってみてください。

地域や家庭によってかわる
正月料理

おせち料理や雑煮などの正月料理は、地域や家庭によって、味つけや使われている材料などが違うことがあります。自分たちがすむ地域の正月料理が、どんなものかを調べてみましょう。

また、ほかの地域にはどんな正月料理があり、どのような違いがあるのかを見てみましょう。

正月の縁起物　にしん・数の子

にしんは「春告魚」ともいわれ、正月料理などに欠かせません。また、数の子は、にしんの卵巣を塩漬けにしたもので、子孫繁栄の願いを込めて、おせち料理に入れられます。

 # 食育だより 1月

試験の勉強のために、夜遅い時間まで起きている人はいませんか？ せっかく勉強しても試験当日に眠気で頭が働かないということがないように、早起き・早寝・朝ごはんで生活リズムをととのえ、勉強も体調も万全にしましょう。

試験前も早起き・早寝！

わたしたちは、眠っている間に記憶の整理や定着を行っています。睡眠をしっかりととることで脳を休ませて、試験で本来の力を発揮できるようになると共に、勉強した内容が頭に残りやすくなります。試験前だけではなく、日頃から早起き・早寝を心がけて、生活リズムをととのえておくことが大切です。

朝ごはんは、午前中の大切なエネルギー源です。朝食を毎日食べている子どもは、そうでない子どもにくらべて、学力調査の平均正答率が高いという調査結果もあります。

睡眠不足は不調のもと

夜ふかしなどによって睡眠が不足すると、午前中の授業に集中できないなど、脳が十分に働かない状態になります。また、それが続くと疲れがたまりやすくなり、やる気が起きない、いらいらするなどの感情をコントロールする力や、人の気持ちを理解する能力の低下などが起こります。ほかにも、かぜをひきやすくなったり、食欲が増して肥満になりやすくなったりするともいわれています。

家族みんなで
かぜ予防

かぜはウイルスに感染することで起こります。手洗いやうがい、人混みを避ける、バランスのよい食事や適度な運動、十分な睡眠・休養を家族で心がけることが大切です。

地域や家庭によってかわる
正月料理

おせち料理や雑煮などの正月料理は、地域や家庭によって、味つけや使われている材料などが違うことがあります。自分たちがすむ地域の正月料理が、どんなものかを調べてみましょう。

また、ほかの地域にはどんな正月料理があり、どのような違いがあるのかを見てみましょう。

先が見通せる
れんこんは縁起物

れんこんは、断面に穴が開いていることから「見通しがきく」ということで、縁起のよい野菜としておせち料理などの祝いごとに使われてきました。

ぶりは出世魚

ぶりは、成長するにつれて名前がかわる出世魚で、地域によっても呼び名が違います。例えば、関東ではワカシ、イナダ、ワラサ、関西ではツバス、ハマチ、メジロなどと、呼ばれています。

1月7日に
七草がゆ！

春の七草のひとつ
すずな

春の七草として知られている「すずな」は、かぶのことです。かぶは、彩り鈴に似ていることから、「すずな」とも呼ばれています。

1月24日～30日
全国学校給食週間

全国学校給食週間は、学校給食の意義や役割などについて理解と関心を高め、より一層の充実をはかることを目的として定められました。学校給食は、栄養バランスのよい食事で成長期にある子どもたちの健やかな成長を支え、食に関する正しい知識と望ましい食習慣を身につけるために重要な役割を果たしています。

ぜひこの機会に、家族で給食について話題にしてみてください。

2月の たより

A4判・縦

B4判・横

 2月 給食だより

学校給食では、さまざまな豆を献立に取り入れています。豆は栄養豊富で食物繊維も多く、生活習慣病の予防によいといわれています。ご家庭でもいろいろな料理に豆を取り入れてみてはいかがでしょうか。

もっと食べよう まめ

 豆は、そのまま料理に使える水煮・蒸し煮の缶詰やレトルト食品も多くあります。これらの製品は手軽に使えるので、食事に取り入れて、豆の摂取量を増やしましょう。

いつもの料理に豆をプラス！

豆は、いろいろな料理に合うため、気軽に取り入れてみませんか。

 カレー　 サラダ　 スープ　 ハンバーグ

大豆レンジャー

家でも実践しよう　食事のマナー

家で食事をする時もマナーを守って楽しく食べましょう。

 茶わんや汁わんは持って食べる　 食べている途中で話さない

 立ち歩かないで座って食べる　 ふさわしくない会話はしない

食育だより 2月

 大豆は、しょうゆ、みそ、豆腐、納豆などの原料として利用されていて、和食に欠かせない食品です。生の大豆は、独特のにおいや、苦みや渋みがあるため、食べやすくするために、さまざまな工夫がされて、多くの加工品ができました。

姿をかえる大豆

 大豆は、加工されていろいろな食品へと姿をかえています。

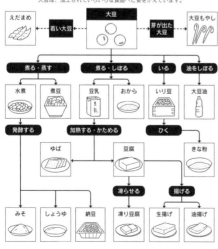

節分と「豆」

節分に豆まきをするのは、霊力があると考えられている豆の力で、鬼に見立てた災いや邪気を追いはらうためだといわれています。

また、豆を年の数、もしくは年の数に1足して食べる風習もあります。

今月の給食メニュー

豆カレー

今月の給食には、豆カレーが出ます。何の豆が入っているかわかりますか？豆は食物繊維が多く、便秘を防いだり、生活習慣病を予防したりします。

どのように見える？ マナーのよい食べ方・悪い食べ方

マナーのよい食べ方　マナーの悪い食べ方

マナーのよい食べ方と悪い食べ方を見くらべると、どのような印象を受けるでしょうか。犬食いや、ひじをつくなどの食べ方は、周りにいやな思いをさせてしまいます。食事マナーは、相手への思いやりの気持ちがあらわれたものです。マナーを守って食べましょう。

β-カロテンが豊富な野菜　しゅんぎく

しゅんぎくはβ-カロテンが豊富です。β-カロテンは、体内でビタミンAにかわり、目や皮膚・粘膜の健康を保つ働きがあります。しゅんぎくは、鍋物やおひたし、あえ物にするほか、やわらかい葉先は、サラダに向いています。

3月の たより

A4判・縦

B4判・横

3月 給食だより

この1年間、たよりでいろいろなことをお伝えしてきました。みなさんもさまざまなことを学んできたことと思います。1年間をふりかえって、今までに学んだことをこれからの生活に生かしていってください。

1年間の総まとめ 食生活をふりかえろう

1年間の食生活をふりかえって、できたことに○をつけてみましょう。できたことはこれからも続け、できなかったことは「なぜできなかったのか」を考えて、改善していきます。

- ☐ 朝ごはんを毎日食べた
- ☐ 間食は時間と量を決めてとった
- ☐ 食事の前に石けんで手を洗った
- ☐ 好ききらいをしないで食べた
- ☐ よくかんで食べた
- ☐ 食事のマナーを守って食べた

 春を告げる食品 **わかめ**

わかめは、乾燥品や塩蔵品があるので、1年中食べることができますが、旬は春です。早春から生のわかめが多く出回ります。給食では、わかめごはんや、わかめのみそ汁など、わかめを使った献立を出しています。ご家庭でも生わかめのおいしさを味わってみませんか。

 わかめごはん
 わかめのみそ汁
 若竹煮

ご卒業 おめでとう ございます

卒業生のみなさん、ご卒業おめでとうございます。みなさんは、これまでの学校生活でたくさんのことを学んできました。今後、自分自身で食べるものを選んだりつくったりする機会が増えてきます。食べることを大切にし、元気に充実した毎日を送ってください。

食育だより 3月

この1年間、たよりでいろいろなことをお伝えしてきました。みなさんもさまざまなことを学んできたことと思います。1年間をふりかえって、今までに学んだことをこれからの生活に生かしていってください。

1年間の総まとめ 食生活をふりかえろう

1年間の食生活をふりかえって、できたことに○をつけてみましょう。できたことはこれからも続け、できなかったことは「なぜできなかったのか」を考えて、改善していきます。

- ☐ 朝食を毎日とった
- ☐ 規則正しい時間に食事をした
- ☐ 肉・魚・野菜などを使い、安全と衛生に注意して調理できた
- ☐ 塩分・脂質・糖分のとりすぎに気をつけた
- ☐ 栄養バランスのよい食事を心がけた
- ☐ 食品表示を見るように心がけた
- ☐ 地域の食材や食文化について理解した

4月からの目標

自分の食生活をふりかえり、4月からの食に関する目標を立ててみましょう。

例／休日に家族の食事をつくる など

  春を告げる食品 **わかめ**

わかめは、乾燥品や塩蔵品があるので、1年中食べることができますが、旬は春です。早春から生のわかめが多く出回ります。給食では、わかめごはんや、わかめのみそ汁など、わかめを使った献立を出しています。ご家庭でも生わかめのおいしさを味わってみませんか。

 わかめごはん
 わかめのみそ汁
 若竹煮

持続可能な社会の実現のために エコな生活をしよう

 買い物袋を持参したり、調理の際に食材を無駄なく使うように工夫したりすると、ごみを減らすことができます。また、食器や調理器具の油汚れを古布などでふき取ってから洗うと、水や洗剤の量を少なくできます。環境のことを考えて買い物、調理、後片づけをすることが、持続可能な社会の実現のためにも大切です。

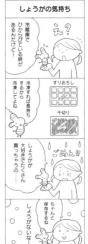

しょうがの気持ち

ご卒業おめでとうございます

 卒業生のみなさん、ご卒業おめでとうございます。みなさんは、これまでの学校生活でたくさんのことを学んできました。今後、自分自身で食べるものを選んだりつくったりする機会が増えてきます。食べることを大切にし、元気に充実した毎日を送ってください。

給食だより

食育だより

全国のおいしい伝統野菜（いもなどを含む）

全国のおいしい伝統野菜

北海道

八列
とうきび
（とうもろこし）

札幌大球

札幌黄
（たまねぎ）

青森県

大鰐温泉もやし

清水森なんば
（とうがらし）

糠塚
きゅうり

岩手県

安家地
だいこん

二子
さといも

暮坪
かぶ

宮城県
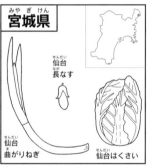
仙台
長なす

仙台
曲がりねぎ

仙台はくさい

秋田県
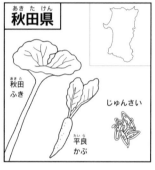
秋田
ふき

じゅんさい

平良
かぶ

山形県

温海
かぶ

最上赤
にんにく

もってのほか（菊）

福島県

会津
小菊かぼちゃ

信夫冬菜

会津
丸なす

茨城県
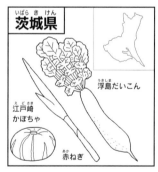
浮島だいこん

江戸崎
かぼちゃ

赤ねぎ

栃木県

宮ねぎ

ゆうがお
（かんぴょう）

かき菜

群馬県

国分にんじん

下仁田
ねぎ

入山
きゅうり

埼玉県

山東菜

しゃくし菜

埼玉青大
丸なす

千葉県
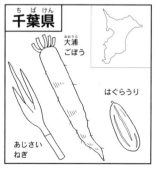
大浦
ごぼう

はぐらうり

あじさい
ねぎ

DVD−ROM内には、日本全国に数多くある伝統野菜の中から各都道府県3つずつ取り上げています。一覧表（pdf版）や各都道府県の伝統野菜データ（jpg版）のカラー版・モノクロ版（どちらもルビあり）も収録しています。

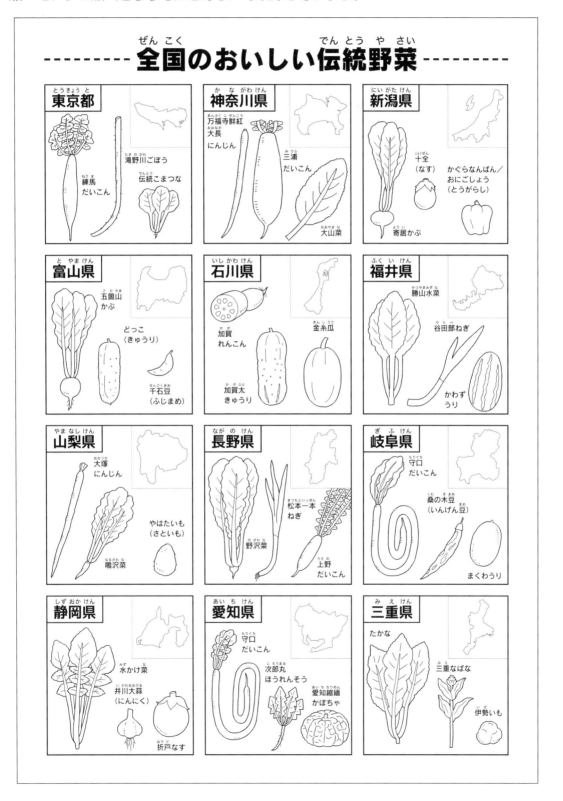

-------- 全国のおいしい伝統野菜 --------

----------全国のおいしい伝統野菜----------

滋賀県

日野菜
万木かぶ
伊吹だいこん

京都府

聖護院だいこん
賀茂なす
九条ねぎ

大阪府

泉州水なす
天王寺かぶ
大阪しろな

兵庫県
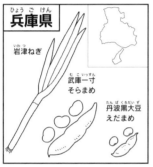
岩津ねぎ
武庫一寸そらまめ
丹波黒大豆えだまめ

奈良県

大和真菜
大和三尺きゅうり
ひもとうがらし

和歌山県

青身だいこん
はたごんぼ（ごぼう）
うすいえんどう

鳥取県
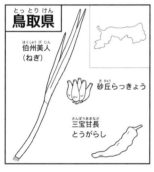
伯州美人（ねぎ）
砂丘らっきょう
三宝甘長とうがらし

島根県

津田かぶ
黒田せり
出西しょうが

岡山県

土居分小菜
万善かぶら
衣川なす

広島県

観音ねぎ
青大（きゅうり）
広島菜

山口県

岩国赤だいこん
田屋なす（萩たまげなす）
岩国れんこん

徳島県

阿波たくあん（だいこん）
阿波みどり（しろうり）
ごうしゅいも

--------- 全国のおいしい伝統野菜 ---------

香川県

まんば（高菜）
さぬき長莢（そらまめ）
三豊なす

愛媛県

伊予緋
かぶら
庄だいこん
絹皮なす

高知県

入河内
だいこん
弘岡かぶ
十市（なす）

福岡県
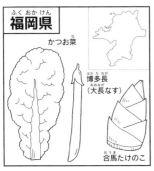
かつお菜
博多長
（大長なす）
合馬たけのこ

佐賀県

女山
だいこん
戸矢かぶ
桐岡なす

長崎県

雲仙
こぶ高菜
唐人菜
長崎
赤かぶ

熊本県

水前寺
もやし
阿蘇
高菜
水前寺菜

大分県

久住高菜
ちょろぎ
青長地這
きゅうり

宮崎県

糸巻き
だいこん
日向
黒皮かぼちゃ
佐土原なす

鹿児島県

桜島だいこん
安納いも
はやとうり

沖縄県
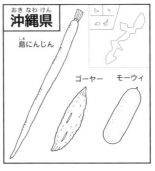
島にんじん
ゴーヤー　モーウィ

DVD-ROMの使い方

DVD-ROMの使い方を簡単にご説明します。

※お使いのパソコンのOSやソフトウエアのバージョンによって違いがありますので、詳しくはそれぞれのマニュアルで確認してください。また、パソコンのOSやソフトウエアのバージョンによって、Wordのレイアウトがくずれたり、文章が途切れていたりすることがあります。テキストボックスを広げるなどしてお使いください。

DVD-ROMのファイル内のindex.htmlをダブルクリックするとウェブブラウザーが起動してメニュー画面が表示されます。

メニューは本書のページなどに対応しています。目的のページなどをクリックすると一覧が表示されます。

○文例つきイラストカットをそのまま使う

書きかえないでそのままお使いになる場合は、jpg版が便利です

ルビなしjpg版またはルビありjpg版をクリックしてパネルを開きます。右クリックして、「名前を付けて画像を保存」を選択し、デスクトップなどに保存します。保存した文例つきイラストカットをワープロソフトにはりつけます。

・ワープロソフトにjpg版をはりつけた後、文字列の折り返しを変更する

　Wordにはりつけたjpg版をクリックして選択します。「図ツール−書式」タブの「文字列の折り返し」を選び、「前面」をクリックします。

○テキストデータを使って文章を変更する

文章やフォントなどをかえたい場合は、テキストデータが便利です

文例つきイラストカットをはりつけた後、その上からテキストボックスを挿入します。

メニューのイラストカットの下に文例つきイラストカットのテキストがあります。コピーしてはりつけます。

・ワープロソフトにjpg版をはりつけた後、文例の文字を変更する

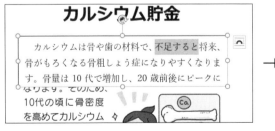

　書きかえたい文字の左端にカーソルを合わせ、クリックしたまま右方向へマウスを動かして選択します（ドラッグする）。そのまま文字を入力すると上書きされます。また、フォントを変更したい場合は、文字をドラッグして選択し、「ホーム」タブの「フォント」から好きなフォントを選んでクリックします。

DVD-ROMの構成

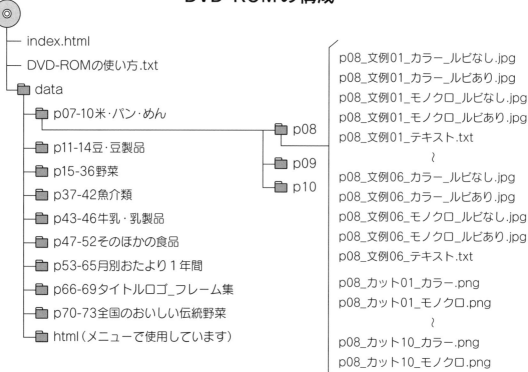

- index.html
- DVD-ROMの使い方.txt
- data
  - p07-10米・パン・めん
    - p08
    - p09
    - p10
  - p11-14豆・豆製品
  - p15-36野菜
  - p37-42魚介類
  - p43-46牛乳・乳製品
  - p47-52そのほかの食品
  - p53-65月別おたより１年間
  - p66-69タイトルロゴ_フレーム集
  - p70-73全国のおいしい伝統野菜
  - html（メニューで使用しています）

p08:
- p08_文例01_カラー_ルビなし.jpg
- p08_文例01_カラー_ルビあり.jpg
- p08_文例01_モノクロ_ルビなし.jpg
- p08_文例01_モノクロ_ルビあり.jpg
- p08_文例01_テキスト.txt
- 〜
- p08_文例06_カラー_ルビなし.jpg
- p08_文例06_カラー_ルビあり.jpg
- p08_文例06_モノクロ_ルビなし.jpg
- p08_文例06_モノクロ_ルビあり.jpg
- p08_文例06_テキスト.txt
- p08_カット01_カラー.png
- p08_カット01_モノクロ.png
- 〜
- p08_カット10_カラー.png
- p08_カット10_モノクロ.png

●ご使用にあたって

DVD-ROMが入った袋を開封しますと、以下の内容を了解したものと判断させていただきます。

■著作権に関しまして

- 本書付属のDVD-ROMに収録されているすべてのデータの著作権および許諾権は株式会社少年写真新聞社に帰属します。
- 学校・園所内での使用、児童生徒・保護者向け配布物に使用する目的であれば自由にお使いいただけます。
- 商業誌等やインターネット上での使用はできません。
- データをコピーして他人に配布すること、ネットワーク上にダウンロード可能な状態で置くことはできません。

■動作環境

- DVD-ROMドライブ、またはそれ以上のDVD-ROMの読み込みができるドライブ。
- ウェブブラウザーがインストールされていること。
- Microsoft Word形式（拡張子が〜.docx）のファイルを開くことができるワープロソフトがインストールされていること。
- pdfファイルが閲覧できるソフトウエアがインストールされていること。

■ご使用上の注意

- このDVD-ROMはパソコン専用です。音楽用CDプレーヤー、DVDプレーヤー、ゲーム機等で使用しますと、機器に故障が発生するおそれがありますので、絶対に使用しないでください。
- DVD-ROM内のデータ、あるいはプログラムによって引き起こされた問題や損失に対しては、弊社はいかなる保障もいたしません。本製品の製造上での欠陥につきましてはお取りかえしますが、それ以外の要求には応じられません。

※公共図書館での本の貸出にあたっては、付属のDVD-ROMを図書館内で貸出できますが、館外への貸出はできません。
※DVD-ROM内のデータの無断複製は禁止させていただきます。
Microsoft、Word、PowerPointは、米国Microsoft Corporationの米国およびその他の国における登録商標です。

76

さくいん

参考文献

『地域食材大百科 第1巻 穀類，いも，豆類，種実』一般社団法人農山漁村文化協会編 一般社団法人農山漁村文化協会刊

『小学校 わたしたちの家庭科5・6』内野紀子 鳴海多恵子 石井克枝ほか著 開隆堂刊

『新編 新しい家庭5・6』渡邊彩子ほか13名著 東京書籍刊

『からだのための食材大全』池上文雄 加藤光敏 河野博 三浦理代 山本謙治監修 NHK出版刊

『和食文化ブックレット1 ユネスコ無形文化遺産に登録された和食 和食とは何か』熊倉功夫 江原絢子著 一般社団法人和食文化国民会議監修 思文閣出版刊

『地震の準備帖 時間軸でわかる心得と知恵』国崎信江著 NHK出版刊

『健康・栄養科学シリーズ 基礎栄養学（改訂第5版）』国立研究開発法人医薬基盤・健康・栄養研究所監修 奥恒行 柴田克己編 南江堂刊

『大豆まるごと図鑑 すがたをかえる大豆』国分牧衛監修 金の星社刊

『世界中で食べられている！ パンの大研究 種類・作り方から歴史まで』竹野豊子監修 PHP研究所刊

「日本食品標準成分表2015年版（七訂）データ更新2019年」文部科学省

『坂本廣子のつくろう！ 食べよう！ 行事食 ①正月から桃の節句』坂本廣子著 奥村彪生監修 少年写真新聞社刊

『日本の「行事」と「食」のしきたり』新谷尚紀監修 青春出版社刊

「小学生用食育教材 たのしい食事 つながる食育」文部科学省

『地域食材大百科 第2巻 野菜』一般社団法人農山漁村文化協会編 一般社団法人農山漁村文化協会刊

『食品成分最新ガイド 栄養素の通になる 第4版』上西一弘著 女子栄養大学出版部刊

『都道府県別 地方野菜大全』タキイ種苗株式会社出版部編 芹澤正和監修 一般社団法人農山漁村文化協会刊

『新編 新しい技術・家庭 家庭分野 自立と共生を目指して』佐藤文子 金子佳代子ほか63名著 東京書籍刊

『技術・家庭［家庭分野］』大竹美登利ほか73名著 開隆堂刊

『健康ハッピーシリーズ 食事で変わる子どもの未来 食生活パーフェクトブック』上西一弘監修 少年写真新聞社刊

『日本の食文化－その伝承と食の教育－』江原絢子 石川尚子編著 アイ・ケイ コーポレーション刊

『地域食材大百科 第5巻 魚介類，海藻』藤原昌高著 一般社団法人農山漁村文化協会刊

『だしとは何か』熊倉功夫 伏木亨監修 アイ・ケイ コーポレーション刊

『地域食材大百科 第4巻 乳・肉・卵，昆虫，山菜・野草，きのこ』一般社団法人農山漁村文化協会編 一般社団法人農山漁村文化協会刊

『地域食材大百科 第11巻 乳製品，卵製品』一般社団法人農山漁村文化協会編 一般社団法人農山漁村文化協会刊

『腸を整えれば病気にならない』辨野義己著 廣済堂出版刊

「知っておきたい食品の表示」消費者庁

『地域食材大百科 第13巻 ハム・ソーセージ・ベーコン，食用油脂，調味料・香辛料』一般社団法人農山漁村文化協会編 一般社団法人農山漁村文化協会刊

「食に関する指導の手引－第二次改訂版－」文部科学省

『小・中学生のためのスポーツ栄養学』成田和子著 日本文芸社刊

『知って防ごう食中毒』甲斐明美著 少年写真新聞社刊

「早寝早起き朝ごはんで輝く君の未来～睡眠リズムを整えよう！」文部科学省

『新編 新しい保健体育』戸田芳雄ほか19名編著 東京書籍刊

『新版 中学校保健体育』髙石昌弘ほか23名著 大日本図書刊

『たのしい食育BOOK 3・1・2弁当箱ダイエット法』足立己幸 針谷順子著 群羊社刊

『坂本廣子の食育自立応援シリーズ お弁当』坂本廣子著 少年写真新聞社刊

『子どもが危ない！ スマホ社会の落とし穴』清川輝基 内海裕美著 少年写真新聞社刊

「災害時に備えた食品ストックガイド」農林水産省

『塩分1日6g 減塩おかずとお弁当』女子栄養大学出版部『栄養と料理』編 女子栄養大学出版部刊

『かぜとインフルエンザ』岡部信彦著 少年写真新聞社刊

『たのしい保健 5・6年』大津一義ほか14名著 大日本図書刊

『新編 新しい保健5・6』戸田芳雄ほか16名著 東京書籍刊

『日本の伝統野菜 調べる学習百科』板木利隆監修 岩崎書店刊

『からだにおいしい野菜の便利帳 伝統野菜・全国名物マップ』高橋書店編集部編 高橋書店刊

文部科学省HP　厚生労働省HP　農林水産省HP　消費者庁HP　政府広報オンライン　公益財団法人日本豆類協会HP
独立行政法人農畜産業振興機構HP　一般社団法人JミルクHP　一般社団法人日本養鶏協会HP　一般社団法人日本卵業協会HP　日本いも類研究会HP　一般社団法人和食文化国民会議HP　都道府県HP　都道府県農業協同組合HP

ほか

監修者プロフィール

小川万紀子
（おがわまきこ）

博士（栄養学）管理栄養士。女子栄養大学大学院栄養学
研究科博士後期課程修了。日本大学歯学部助手、女子栄
養大学専任講師、帝京平成大学健康メディカル学部教授
を経て、現在、学校法人 古屋学園 二葉栄養専門学校校
長、女子栄養大学栄養クリニック特別講師。
『正しいダイエット指導します』女子栄養大学出版部刊、
『血液サラサラ健康事典』（食材監修）時事通信出版局刊、
『たよりになるね！ 食育ブック①～⑤』『家庭とつなが
る！ 新食育ブック ①～②』（監修）少年写真新聞社刊
など多数。

イラストレータープロフィール

櫻井敦子
（さくらいあつこ）

女子美術大学卒業。イラストレーター。『おかえり、また
あえたね』東京書籍刊、『たべるってたのしい！ すきき
らいなんて だいきらい』少年写真新聞社刊の絵を担当。
児童書を中心に活躍中。

家庭とつながる！ 新食育ブック ③成長期に大切な食品
文例つきイラストカット集【DVD-ROMつき】

2020年7月15日 初版第1刷発行　　2023年4月3日 初版第2刷発行
監　　修　　小川万紀子
発 行 人　　松本 恒
発 行 所　　株式会社 少年写真新聞社　　〒102-8232 東京都千代田区九段南4-7-16 市ヶ谷KTビルⅠ
　　　　　　　　　　　　　　　　　　　　TEL 03-3264-2624　FAX 03-5276-7785
　　　　　　　　　　　　　　　　　　　　URL https://www.schoolpress.co.jp/
印 刷 所　　図書印刷株式会社
©Shonen Shashin Shimbunsha 2020　Printed in Japan
ISBN978-4-87981-708-2　C3037

スタッフ　■編集 渡辺みずき 吹田萌羽　■DTP 金子恵美　■Word制作 木村麻紀 武蔵めぐ美　■校正 石井理抄子
　　　　　■DVD-ROM制作 植野真起　■編集長 北村摩理